Tiempo de México

The Gringo Connection

Secretos del narcotráfico

El dedo en la llaga

The Gringo Connection
Secretos del narcotráfico

Armando Ayala Anguiano

OCEANO

EDITOR: Rogelio Carvajal Dávila

THE GRINGO CONNECTION
Secretos del narcotráfico

© 2000, Armando Ayala Anguiano

D. R. © EDITORIAL OCEANO DE MÉXICO, S.A. de C.V.
      Eugenio Sue 59, Colonia Chapultepec Polanco
      Miguel Hidalgo, Código Postal 11560, México, D.F.
      ☎ 5282 0082   ☎ 5282 1944

PRIMERA EDICIÓN

ISBN 970-651-425-2

IMPRESO EN MÉXICO / PRINTED IN MEXICO

ÍNDICE

Índice

PRÓLOGO

No se puede entender la historia de México en los años recientes sin tomar en cuenta el fenómeno del narcotráfico. Por tal motivo sentí desde hace varios años la necesidad de escribir este volumen —prolongación de la serie *México de Carne y Hueso*—; pero apenas iniciada la búsqueda de datos fue evidente que la situación mexicana no se entendería sin antes precisar múltiples detalles relacionados con Estados Unidos.

En busca de esos datos viajé diversas ocasiones al país del norte y localicé media docena de excelentes estudios académicos acerca de la historia del flagelo y las distintas medidas que se han tomado para enfrentarlo, pero ni en libros académicos, ni en archivos de los grandes medios de comunicación, ni en charlas con amigos periodistas, pude hallar la respuesta a una serie de preguntas que se plantean en México. Para ver si acicateaba la curiosidad de los colegas en Estados Unidos, desde 1989 escribí un pequeño artículo en inglés que, para mi fortuna, fue publicado en varios periódicos californianos. Considero pertinente reproducirlo a continuación.

NARCOTRÁFICO: PREGUNTAS DE UN MEXICANO

Gracias a los servicios informativos de Estados Unidos, y al auxilio que les presta la DEA, en México sabemos el nombre y conocemos el retrato de nuestros principales narcotraficantes, así como los de Colombia y otros países latinoamericanos. Conocemos también las esti-

11

maciones mejor fundadas sobre las fortunas que acumulan estos delincuentes, la ubicación de sus propiedades principales y sus modos de operación. Sabemos inclusive qué empleados del gobierno los protegen.

Muchos profesionales del periodismo también estamos al tanto, gracias a la DEA y a los servicios informativos de Estados Unidos, de
las rutas terrestres, marítimas y aéreas que emplean los narcotraficantes
tes para llevar hojas de coca de Bolivia y Perú a laboratorios colombianos donde las procesan, y conocemos las rutas por las que viaja la
cocaína —islas del Caribe, parajes despoblados de México, grandes
aeropuertos donde los policías sobornados dejan pasar los cargamentos— para llegar a puntos fronterizos donde se inicia la cadena de distribución a los centros de consumo en el mismo Estados Unidos. Por
lo que respecta a México, rara vez transcurre un mes sin que los periódicos informen acerca de la incautación de algún gigantesco cargamento de cocaína, marihuana u opio y sus derivados.

En cambio, al llegar a la frontera desaparecen las pistas. Se tienen informes de que la marihuana, por ejemplo, llega a Tijuana, Ciudad Juárez y Nuevo Laredo en enormes tráilers y hasta en tanques de
combustible, y que para hacer el recorrido sin contratiempos por las
carreteras mexicanas se pagan fuertes "mordidas" a burócratas y policías nacionales encargados de ejercer la vigilancia; algunos de ellos
luego aparecen retratados en la prensa cuando caen en periódicas
campañas de represión.

Escasean en cambio noticias de que haya sido encarcelado algún aduanero estadunidense de los que permiten el paso de esos mismos vehículos a Estados Unidos, o cualquier policía de los que dejan
transitar libremente a los contrabandistas por las carreteras de ese país.
¿Acaso los aduaneros y los policías de Estados Unidos son tan ingenuos
o tan cortos de inteligencia que se dejan engañar por los malvados
narcotraficantes mexicanos? Y sus jefes, aun los de mayor jerarquía,
¿serán retrasados mentales para no ver lo que pasa en su derredor?

Por informes de la DEA, se sabe que gran parte de la marihuana
consumida en Estados Unidos se produce en el mismo país. ¿Por qué
casi nunca se sabe por periódicos de Estados Unidos, como se lee cons-

tantemente en México, que la policía ha localizado alguna gran plantación, que han arrestado a los productores y que la yerba se ha quemado?

Sobre todo: ¿Por qué no se difunden nombres y fotografías de algunos de los principales cabecillas del narcotráfico en Estados Unidos? No me refiero, por supuesto, a colombianos y mexicanos de medio pelo a los que de tiempo en tiempo se les sorprende con un cargamento y caen en la cárcel; me refiero a los grandes jefes norteamericanos, que deben dirigir una organización de proporciones extraordinarias para poder surtir a un país tan enorme y plagado de drogadictos como Estados Unidos.

En Nueva York, en la confluencia de la Octava o Novena Avenida y las calles 42, 43 o 44, a unos cientos de metros del edificio de *The New York Times* he visto que muchos individuos, en plena calle y a plena luz del día, venden drogas a los transeúntes. ¿Por qué no se impide este comercio, y por qué no se han servido de estos vendedores para emprender investigaciones que conduzcan a los niveles más altos? Más aún: en el radio de una milla de la Casa Blanca cualquier persona emprendedora puede encontrar quién le venda drogas, y nadie parece querer interrumpir esta actividad. ¿Por qué?

México y Colombia han visto que los principales cabecillas del tráfico de drogas obtienen utilidades de miles de millones de dólares, y a menudo son detectados bancos, casas de cambio y compañías de bienes raíces que se emplean para lavar esas sumas astronómicas. En Estados Unidos, donde confluyen la producción mexicana, la colombiana y la de otros países, las utilidades deben ser de orden todavía mayor. ¿Por qué nunca se informa a fondo dónde y cómo se lavan tan grandes cantidades de dinero?

Sé que en Estados Unidos la gente está furiosa contra los latinoamericanos, cuyos narcotraficantes están envenenando a la población yanqui, y que es común el deseo de que se les combata por cualquier medio, sin reparar en fronteras nacionales ni en la llamada soberanía de otros países. Si bien esta actitud es explicable, tal vez, para conseguir mayor colaboración de los latinoamericanos, convendría tomar en cuenta lo que se piensa en los países productores.

13

Como mexicano a mí me enoja ver que buena parte de los impuestos que pago se gaste en combatir al narcotráfico, en vez de invertirlo en construcción de escuelas o en mejorar servicios públicos de mi país. Si en Estados Unidos los grandes traficantes no gozaran de tan amplia impunidad, tal vez el esfuerzo mexicano por combatir el narcotráfico y las sumas que se gastan en esta tarea serían menores. Por lo menos, si el combate al narcotráfico en Estados Unidos no dejara sin respuesta tantas preguntas obvias, sería menor mi resistencia a que mis impuestos se gasten en preservar la salud de los norteamericanos.

Pensé que este artículo impulsaría a mis colegas norteamericanos a investigar las cosas poco claras que ocurren en su país, y que sus reportajes me proporcionarían datos aprovechables para documentar este trabajo, pero me equivoqué y por ende el panorama sigue sumido en el misterio. Así, me vi obligado a completar con recursos de novelista algunos capítulos que se desarrollan en Estados Unidos. Este método fue probado con éxito en 1976, cuando salió al público el volumen titulado *El día que perdió el PRI*.

14

La nueva OPEP

E l aburrido agente de migración del aeropuerto de Bangkok miró al pasajero que había llegado ante él e instintivamente lo clasificó como uno más entre los numerosos sexagenarios occidentales que llegan a Tailandia con la ilusión de reactivar su vigor sexual. Tomó el pasaporte mexicano que le tendían y, sin revisar el contenido, ni siquiera ver la foto, le puso el sello que autorizaba la visa de entrada.

Ramiro Gastélum venía molido por el largo viaje, y aun así tuvo ánimos para decirse que comenzaba bien su estancia en Tailandia. Por otra parte, aunque normalmente hubiera viajado en primera, había recibido órdenes de tomar clase económica para confundirse entre la multitud de turistas que visitaban el maravilloso país asiático; en un incómodo asiento había pasado dos horas para volar de Culiacán a Los Angeles; once horas más para llegar a Tokio —para despistar, había evitado tomar el vuelo directo a su destino final—, y después de esperar tres horas en el aeropuerto de Narita transbordó a otro avión que, seis horas más tarde, lo depositaría finalmente en la terminal aérea de Bangkok.

El sol empezaba a ocultarse. Afuera de la terminal, Gastélum mostró a un taxista una tarjeta con el nombre del hotel y la dirección de Silom Road donde tenía reservado espacio para alojarse y se recostó en el asiento trasero del vehículo. Hacía un calor mazatleco. El taxi enfiló por calles anchas y cochambrosas, parecidas a cualquiera de las de Tacuba, envueltas en un smog más espeso aún que el de la ciudad de México. Los embotellamientos se repetían en cada cruce de calles;

15

el automóvil apenas avanzaba y Gastélum no tardó en caer profundamente dormido. Dos horas después, cuando llegaron a su destino, lo despertó el chofer.

El hotel ocupaba un edificio moderno, bastante bien cuidado. En el vestíbulo circulaban canadienses y europeos malentrazados. Gastélum fue conducido a su habitación que resultó espaciosa, limpia y dotada de magnífica cama. Con su reloj biológico enloquecido, temía que le atacara un insomnio invencible, por lo que pensó ir al bar para emborracharse hasta la inconsciencia, pero en cuanto puso la cabeza en la almohada cayó en un sueño del que sólo despertaría a las diez de la siguiente mañana.

Gastélum se sentía renovado y lleno de energías. Aún así, no dejaba de pensar: "Esto me pasa por entrometido. ¿Qué tenía yo que andar contándole mis reflexiones al licenciado Garmendia? Pero ¿quién iba a pensar que iban a asignarme la misión de venir a negociar a Bangkok?". Al cabo adivinó la razón de que lo hubieran escogido: se necesitaba proceder con el más absoluto sigilo, y para ello resultaría ideal hacerse representar por un comerciante del cual poquísimos sospechaban que tuviera ligas con el narcotráfico y que ya reconocía la necesidad de hacer cambios fundamentales. Garmendia se había encargado de trasmitir a Gastélum las órdenes definitivas y detallarle cómo negociar los distintos puntos claves; solicitó el servicio a título de favor, pero Gastélum sabía que una negativa le resultaría fatal, de suerte que en seguida se dedicó a organizar el viaje.

También le habían ordenado hacer en Bangkok vida de turista común durante un par de días, para acostumbrarse al nuevo horario y no tomar decisiones erróneas durante la junta que iba a tener. Así consiguió un taxista que lo llevara a los lugares más llamativos de la ciudad: las exhibiciones de elefantes que levantan con la trompa los troncos de árboles talados para acomodarlos en un apilo, y que de ribete sirven para pasear a los turistas; la especie de circo donde actúan los domadores de cobras y otras víboras venenosas; las granjas de cocodrilos, sembradíos de flores, y muchas otras atracciones.

Por la mañana del día siguiente visitó el palacio real y los templos del Buda esmeralda y los budas dorados. Reservó la noche para explorar una famosa casa de masajes, en cuyo salón principal descollaba un gran armatoste de madera con forma de pastel circular de cinco pisos, cada uno más reducido que el anterior, de modo que en cada piso se pudieran sentar las jóvenes masajistas de cutis nacarado y vestidas con tenues velos de seda color rosado. Sobre el pecho de las jóvenes se desplegaba un cartel con un número bajo el cual se podían solicitar sus servicios. Gastélum contrató a dos que le hicieron pasar una hora inolvidable y al volver al hotel iba diciéndose que, después de todo, no había estado mal que las opiniones trasmitidas a las alturas por el licenciado Garmendia y Gonzaga, más otras de corte similar que seguramente se estaban recibiendo, hubieran decidido su viaje a Bangkok.

Al día siguiente, sintiéndose como nuevo, caminó por Silom Road para llegar a la ribera del río Chao Phraya y tomar asiento en una mesa del restaurante que se le había indicado. Exactamente a las once de la mañana lo abordó un tailandés fortachón a pedirle en "Pidgin English" que caminara hasta un muelle visible desde la ventana del restaurante. Allí le aguardaba una lancha que lo llevó río arriba hasta un paraje escasamente poblado y se detuvo frente al muelle de un espléndido palacete estilo tailandés.

Conducido a una sala de lujo deslumbrante, Gastélum encontró sentado en un sofá al doctor Gilberto Restrepo. Colombiano blanco y de altivo porte, ataviado con un impecable traje azul de casimir inglés y corbata italiana, Restrepo saludó con una sonrisa al recién llegado, quien también sonrió sin decir nada. Como precaución y para evitar que se les viese juntos en la ciudad, Gastélum y Restrepo habían recibido instrucciones de hospedarse en hoteles distintos y aun de tomar diferentes vehículos para llegar a la cita con Madame Nataphorn.

Mientras aguardaban a la anfitriona, Gastélum y Restrepo se cuidaron de expresar opiniones, por más intrascendentes que fuesen: ninguna precaución era excesiva en situaciones como la que estaban envueltos, y que por primera vez reunía a las tres principales potencias del narcotráfico fuera de Estados Unidos: Tailandia, Colombia y México.

17

Restrepo traía carta blanca de las principales organizaciones colombianas para afinar los detalles de un acuerdo. Gastélum había recibido de la corporación mexicana poderes muy amplios. Restrepo no pudo dejar de pensar que el destino le había asignado el desempeño de un papel histórico, y supuso que Gastélum también estaría imbuido del mismo sentimiento. Si las negociaciones concluían con un acuerdo, mucho iba a cambiar en el mundo.

Los sobrevivientes de los cárteles de Medellín y Cali se habían unificado para formar una organización en la que se combinaban la audacia ilimitada de capos como Pablo Escobar y José Gonzalo Rodríguez Gacha —quienes desde Medellín llegaron a mandar un ejército de cinco mil pistoleros y dinamiteros que tuvo en jaque al gobierno colombiano— con la prudencia maquiavélica de los hermanos Gilberto y Miguel Rodríguez Orejuela, los antiguos amos del cártel de Cali, famosos por la habilidad con que manejaban sus finanzas y habían sabido comprar la complicidad de las fuerzas encargadas de perseguirlos.

Antes de que aparecieran en el panorama los hombres de Medellín y Cali, apenas se obtenían, en instalaciones rudimentarias, unos miles de kilos de cocaína por año en toda Sudamérica. Después de que los colombianos armaron modernos laboratorios dirigidos por químicos de primer nivel y contrataron un enjambre de expertos financieros que invertían y lavaban sus utilidades, la producción superó las mil toneladas anuales de polvo que, vendidas en las ciudades norteamericanas, reportaban utilidades astronómicas. Más aún, los colombianos habían mejorado notablemente la calidad de su marihuana y estaban a punto de igualarse con los asiáticos en la producción de opio y sus derivados, como morfina y heroína.

Los mexicanos sólo producían marihuana corriente y opio "café", de inferior calidad y procesado en primitivas "cocinas" traídas por los antiguos inmigrantes chinos que primero explotaron los plantíos de amapola. México también estaba perdiendo el mercado de la marihuana, pues los norteamericanos habían incrementado su producción y mejorado la calidad.

En el aspecto técnico, Restrepo miraba con desdén a los mexi-

18

canos. En cambio, sus arreglos políticos lo dejaban boquiabierto. Hasta 1980, haciendo escala en varias islas de las Antillas, los colombianos enviaban la cocaína a Miami directamente desde su país. Como al cabo la DEA prácticamente selló a Miami como lugar de paso, resultó impráctico y antieconómico enviar la droga a través de ese punto, y entonces surgió la necesidad de usar como trampolín el territorio de México.

Lo primero que se les ocurrió fue instalar una distribuidora propia, pensando que, luego de repartir "mordidas" a un puñado de funcionarios claves, podrían operar sin obstáculos. Mandaron así una docena de pistoleros colombianos para que supervisaran la distribución, pero al cabo de pocas semanas todos ellos aparecieron muertos en el río Tula. La policía mexicana informó que los muertos eran guerrilleros ajusticiados por una facción rival, y los grandes capos de Medellín recibieron un mensaje muy claro: tendrían que pagar fuerte peaje por utilizar el territorio mexicano o mandar sus cargamentos por otra ruta.

Finalmente se llegó a un acuerdo: los colombianos entregarían la cocaína en puntos aislados del sur de México, envuelta en bolsas parecidas a balones de futbol, y los mexicanos llevarían el producto hasta la frontera del norte, donde sería vendido a los agentes de las grandes organizaciones delictivas de Estados Unidos, que lo transportarían a través de la frontera y luego lo llevarían a los principales puntos de distribución dentro de ese país. Los colombianos recibirían el cincuenta por ciento del precio al que se vendiese la droga en la frontera del norte, y el cincuenta por ciento restante quedaría a favor de los intermediarios, que siempre obtienen las mayores ganancias.

Personajes mexicanos de tercer nivel se encargaron de negociar el acuerdo, por lo cual los colombianos se quedaron con las ganas de conocer el organigrama que regía la operaciones de la corporación mexicana de las drogas. Después de reunir muchas observaciones concluyeron que el corporativo estaba regido por una especie de consejo de administración integrado por un corto número de altos personajes de la política en el país, los caciques regionales, los gobernadores de los estados por los que transitaba la droga, los jefes y elementos de los cuerpos policiacos y militares encargados supuestamente de evitar el

19

contrabando, los grandes traficantes y otros desconocidos; en fin, la maraña de intereses, complicidades y privilegios característica del sistema priísta.

Al revés de Colombia, donde los capos habían comprado y controlaban a miles de policías, militares, jueces, diputados y altos funcionarios, los traficantes mexicanos eran una especie de socios menores sujetos al control del corporativo, el cual les otorgaba una franquicia para trabajar y les vendía protección. El corporativo proporcionaba policías o pistoleros que servían de guardaespaldas a los traficantes, y los contribuyentes mexicanos pagaban tanto el entrenamiento como los sueldos de los policías. Mientras no cometieran imprudencias demasiado grandes, o se creyeran dueños de su destino, los hombres de la droga disfrutaban de impunidad. Si trataban de independizarse, no tardaban en aparecer muertos o caían en la cárcel.

Gastélum y Restrepo se presentaron y, aparte de tomarse un café, permanecieron sentados, sin saber qué decirse en medio de aquella lujosa sala que, apenas cabía dudarlo, estaría muy bien equipada de aparatos electrónicos para captar y registrar las conversaciones. Restrepo miró su reloj, al paso que Gastélum hacía lo mismo. Eran las 10:58 y la cita estaba concertada para las 11.

–Madame Nataphorn no tardará en llegar: es puntualísima —dijo Restrepo.

En efecto, a las 11 en punto hizo su aparición la zarina del narcotráfico asiático. Era una mujer alta y esbelta cuya edad cercana a los cuarenta años no sólo no disminuía, sino que hacía más imponente su belleza oriental. Iba vestida con traje sastre color azul marino, de impecable corte, y blusa de seda banca. Como joyas sólo portaba un collar de cuentas de marfil y un anillo con lo que podría ser el mayor rubí extraído de Tailandia. Había sido miss Bangkok y amante de un general que controlaba el comercio del opio en el Triángulo de Oro —las abruptas selvas limítrofes entre Tailandia, Birmania y Laos— y de ribete la distribución del producto obtenido en Irán, Afganistán y Turquía. Nataphorn lo auxilió en la tarea de forjar el monopolio, y cuando acribillaron al general en un encuentro a balazos con sus rivales, la mujer tomó las riendas del negocio con tal firmeza y decisión que no sólo remplazó, sino que superó a su amante.

Con grandes esfuerzos, Gastélum logró apartar la vista de la extraordinaria mujer. Jamás imaginó que iba a negociar con ella y mentalmente se dijo que no debía permitir que la mujer aprovechara sus dones físicos para sacarle ventajas.

Menos juicioso que el sinaloense, Restrepo se reacomodó la corbata y trató de desplegar su apostura de galán sudamericano. Madame Nataphorn no pareció darse por enterada y sólo dijo en su "Pidgin English":

—Los tres tenemos muy claro que nuestro problema es Estados Unidos, pero antes de entrar en materia creo que debemos evitar malentendidos fijando con toda precisión nuestras posturas. ¿Empezamos?

Los dos hombres expresaron su acuerdo.

—En Tailandia —dijo la mujer— sabemos que los yanquis están muy lejos de poder hacer opio sintético, lo que resulta ventajoso con respecto a la cocaína, de la cual ya disponen ahora mismo bajo la forma de pastillas cuyos efectos, si no iguales, por lo menos son parecidos a los de coca natural; con el avance de las investigaciones no es difícil que a mediano plazo obtengan el sucedáneo perfecto. En cuanto al opio y la heroína, los gobiernos del Triángulo de Oro, presionados por los yanquis, ya han reducido los cultivos de amapola a una cantidad insignificante, pero gracias a nuestros contactos en Irán, Afganistán y Turquía seguimos siendo los principales exportadores a Europa. Ahora sólo nos preocupa Colombia, de la que sabemos que ya surte el 60% del opio que consume Estados Unidos y está aumentando los cultivos de amapola para quedarse con todo el mercado. Cualquier arreglo al que lleguemos ahora quedaría sujeto a que Colombia se comprometa a no seguir arrebatándonos clientes.

—Propongo que ese punto lo dejemos para la discusión final —dijo Restrepo.

A Gastélum le habían proporcionado un memorándum en el que se detallaba la situación de los otros dos participantes en la junta, y nada dijo.

21

–Ahora quiero ver si son correctos otros informes que tenemos: los yanquis quieren eliminar a las cabezas del negocio colombiano para sustituirlos por gerentes enviados directamente desde Estados Unidos, pues consideran que ellos podrían manejar las operaciones con mayor eficiencia y así ahorrarse cientos de millones de dólares que ahora se esfuman en lo que llaman "financiar idioteces latinoamericanas". Para lograrlo, el gobierno de Washington está exigiendo otra vez al colombiano que entregue a sus principales traficantes para juzgarlos, encarcelarlos en Estados Unidos y extraerles información que permita localizar sus cuentas a fin de confiscarlas y dejarlos sin dinero para resurgir. El gobierno colombiano está muy débil y ustedes temen que se preste para sacarlos del negocio y hacerle el trabajo a la organización yanqui.

–Correcto, en términos generales —dijo Restrepo.

–Bien... En cuanto a México, nuestros informes son contradictorios: van desde la teoría de que la organización mexicana es un simple satélite de la yanqui y que en el fondo trabajan conjuntamente, hasta la creencia de que el gobierno de Washington está harto de las triquiñuelas de los mexicanos y prepara un ultimátum para exigir que se les entregue a media docena de gobernadores implicados en el tráfico, así como a una docena de los principales traficantes y otra docena de policías que los protegen; en caso de que no se satisfagan las exigencias, se mandarán comandos a que secuestren al presidente de la República para juzgarlo en Estados Unidos, como hicieron con Noriega el de Panamá, y después procederían a confiscar los fondos que tienen los mexicanos en casas de bolsa y bancos de Estados Unidos...

–Dígame, Madame, ¿podría usted ubicar a México en un mapamundi? —interrumpió Gastélum.

–Si me esperan unos minutos, creo que sí.

–Por eso debo comenzar dándole unas explicaciones: México tiene más de tres mil kilómetros de frontera con Estados Unidos, una distancia como la que hay entre Bangkok y Calcuta; los mexicanos son marcadamente nacionalistas y no se sabe lo que harían en caso de que ocurra una agresión abierta de Estados Unidos... Le aseguro que no serían menos atrevidos y valerosos que los vietnamitas... Tampoco les sería fácil a los yanquis establecer un gobierno abiertamente títere en nuestro país... Sobre todo, México tiene un gran comercio con Estados Unidos, y la interrupción de las relaciones provocaría la quiebra de una infinidad de negocios a ambos lados de la frontera, además de que se quedarían sin empleo millones de gringos. Por supuesto, México caería en el caos, pero a Estados Unidos no le conviene tener por vecino a un país enloquecido por el hambre, y por eso creemos que los designios y las intenciones que le han dicho a usted que tiene Estados Unidos contra México no pasan de ser patrañas.

—Sin embargo —sonrió Madame Nataphorn—, sabemos que los yanquis han enloquecido desde que se derrumbó la URSS y, ya sin enemigo al frente, se sienten los amos del universo. De ahí que ahora quieran tomar bajo su control total el mercado de las drogas en México para trasladarlo a Cuba.

—Puede ser, pero no hay loco que coma lumbre.

—Pero hay gringos capaces de todo. Después de que los sacaron de Corea quisieron desquitarse metiéndose en Vietnam, y desde que los derrotaron allí se la han pasado buscando países débiles para exhibir sin peligro su poderío. No es imposible que un día de éstos escojan como víctima a México, o a Colombia, o a los dos y de paso a mi Tailandia.

—Por eso hay que voltearles la tortilla —señaló Restrepo.

—¿Y de veras les parece que esto se lograría imponiendo la legalización de las drogas? —intervino Madame Nataphorn—. Y a propósito de esto, no entiendo qué ganarían los mexicanos con la legalización, ya que no son grandes productores, sino tan sólo intermediarios.

—Como acabo de decirle, Madame, la frontera de México con Estados Unidos se extiende a lo largo de más de tres mil kilómetros. Hasta las ciudades fronterizas llegarían miles y miles de distribuidores gringos a comprar la droga legalizada, que se les vendería a una fracción del precio que fijan en Estados Unidos los grandes personajes del negocio. Y mientras el American way of life siga produciendo desequilibrados por millones, los compradores de droga no faltarán, y si ellos

23

compran, nosotros les venderemos —se soltó diciendo Gastélum, asombrándose de su ignorada habilidad como expositor—. Ya nos han desplazado en el negocio de la marihuana, pero ahora ha surgido el de la venta de pastillas, que parece muy prometedor.

—Por otra parte, Madame, la legalización no se decretará de sopetón, y sin antes dar otros pasos que ya hemos detallado en nuestras comunicaciones —intervino Restrepo.

—Repitámoslas, para estar seguros de que pensamos lo mismo —dijo Madame Nataphorn—. Pero antes, quisiera aclarar un punto: ¿Qué ganaríamos los tailandeses si nos sumamos a un pleito que, en el fondo, se reduce a un choque entre yanquis y latinoamericanos?

—Ganarían la seguridad de que, después de aplastarnos a nosotros, no se lancen contra ustedes, y apenas se podría dudar de que así sucedería, pues según se aprecian las cosas, la gran organización de Estados Unidos quiere eliminar a los grandes productores y los distribuidores tradicionales sustituyéndolos por gente propia, que les permita adueñarse de todo el negocio —señaló Restrepo.

—Ahora mismo, los tailandeses estamos resintiendo la agresión de los colombianos, que a diario nos desplazan de los mercados yanqui y europeo con su creciente producción de opio y heroína —apuntó Nataphorn.

—Ha llegado el momento de abordar este punto, y desde ahora puedo ofrecer a usted que Colombia se abstendrá absolutamente de invadir el mercado europeo a cambio de que Tailandia nos deje el de Estados Unidos y Canadá —dijo Restrepo.

—Por parte nuestra, Madame —interrumpió Gastélum—, usted sabrá sin duda que ya les estamos comprando a ustedes el 70% de la efedrina usada en México para producir metanfetaminas. Podemos comprometernos a seguir surtiéndonos de efedrina en Tailandia, sin tratar de crear fábricas propias. También nos podríamos comprometer a no invadir el mercado europeo de metanfetaminas a cambio de que nos dejen la exclusiva en Estados Unidos y Canadá.

—La propuesta es interesante y habrá que analizarla. Creo que podremos dar una respuesta en el plazo de una semana —Nataphorn no mostró ni interés ni desinterés en las propuestas—. Mientras tanto, quiero entender con toda precisión en qué consisten sus planes. ¿De veras creen que la legalización de la droga en México bastaría para doblegar al gigante de Estados Unidos?

Restrepo saltó de su asiento: –¡Claro que no! Antes de llegar a eso habría que dar varios pasos sucesivos e ir midiendo las reacciones de cada paso para ver si conviene proseguir al superior. Hasta podría ser que bastara el primer paso para convencer a los yanquis de no meterse directamente en nuestros terrenos. Entonces dejaríamos que las cosas siguieran funcionando al modo actual, ya que no hay que desbocarse por la codicia, pues como decía un insigne jefe del cártel de Cali: "El chiste de las guerras es ganarlas, no sólo matar gente".

Gastélum sonrió. Nataphorn dijo: –¿Paso número uno? —y Restrepo continuó:

–Dar una demostración de fuerza para desconcertar al adversario. A partir de una fecha que podría ser en treinta días, las tres partes aquí reunidas se abstendrán de surtir de droga a los mercados de Estados Unidos y Canadá, además de reducir los envíos a Europa, para que los yanquis no puedan abastecerse allá. Según creemos, esto provocará enorme irritación y motines violentos no sólo entre los miles de adictos que están recluidos en las cárceles yanquis y no pueden vivir sin su ración de droga, sino también entre el millón de vendedores callejeros que viven al día y al no tener nada qué ofrecer a sus clientes podrían sublevárseles a los distribuidores.

–Dentro de una semana podré dar una respuesta definitiva sobre esta cuestión. ¿Paso número dos?

–Primero, debemos entender que una vez que se haya aceptado dar el paso número uno ya no habrá marcha atrás —prosiguió Restrepo—. Creo que eso es elemental. Se dará el paso número dos cuando se analicen las reacciones del paso uno, y consistirá en aumentar de un día para otro, sin previo aviso, un cincuenta por ciento al precio de nuestra mercancía; y si los compradores aguantan, subirles otro cincuenta por ciento. Si aguantan de nuevo, eso significará que ya se han convencido de que no nos desplazarán fácilmente y nosotros nos

25

quedaremos muy contentos sin hacer nada más. Sólo en caso de un contraataque fuerte se procederá a tomar el paso número tres: México legalizará unilateralmente el comercio de drogas.

–Por supuesto, ya se ha tomado en cuenta que la legalización implicaría denunciar varios tratados internacionales y enfrentarse a medio mundo, que vería la medida como intolerablemente inmoral. Por principio habría que prohibir la venta directa de drogas a los menores de edad, como se hace con el alcohol. ¿No es así? —apuntó Nataphorn.

–Así es —repuso Gastélum—. Se tomarán ésa y otras medidas para suavizar los ataques previsibles. Se observarán al pie de la letra las restricciones decretadas por Holanda cuando legalizó la marihuana, la coca y el opio, lo que nos serviría de magnífico escudo: no se puede combatir a un país tercermundista por tomar medidas que ya se han permitido a una nación rica.

–Pasemos entonces a lo fundamental: ¿qué beneficios en metálico se podrían obtener?

–Como sabemos, de cada dólar que la organización de Estados Unidos obtiene por la venta de drogas, noventa centavos son para ella y sus operadores, mientras que se destinan sólo diez centavos para nosotros. Al principio seguiríamos vendiendo al precio que ahora nos pagan los grandes compradores, para no perder y para que las personas independientes y los distribuidores en pequeño que lleguen a la frontera mexicana obtengan ahorros inmensos y se habitúen a trabajar directamente con nosotros. Más tarde se podrán imponer aumentos, los cuales serían de cantidades no muy grandes, porque consideramos imposible alcanzar los niveles que ahora benefician a la organización de Estados Unidos. Los aumentos se fijarán de común acuerdo entre las tres partes y el producto se repartirá a razón de un tercio para cada cual.

–¿Sería necesario que Tailandia y Colombia también decreten la legalización —dijo Nataphorn.

–Sería conveniente pero no indispensable. Cada país puede proceder de acuerdo con sus intereses —precisó Gastélum.

–¿Y si Estados Unidos reacciona decretando la legalización? —insistió la mujer.

–Entonces nosotros seguiremos vendiendo directamente al público al precio que nos ha fijado la organización gringa —aclaró Gastélum—. Podremos obtener las mismas utilidades que ahora sin sufrir el acoso de la DEA y de los diplomáticos de Estados Unidos. Hasta podríamos abrir bancos de divisas en nuestros países para no tener que ir a lavar el dinero a Wall Street.

–Sí, las posibilidades que abriría el arreglo son inimaginables. Pero se necesitaría tener el pulso muy firme para avanzar sin temor a las consecuencias —señaló Nataphorn.

–Estoy autorizado para asegurar a usted que el gobierno mexicano no nos fallará. Por supuesto, la legalización de la droga es como nuestra bomba nuclear y no la lanzaremos salvo en caso de extrema necesidad; no queremos pelear, pero tampoco estamos dispuestos a dejar que nos aplasten sin defendernos.

–El asunto está muy claro. Debemos darnos una semana de plazo para estudiarlo y decidir si seguimos adelante o no. En caso de una respuesta positiva reconfirmaremos los tres nuestra participación y un mes más tarde se suprimirán los envíos de droga, aunque sea un gramo —recapituló Madame Nataphorn—. Pensándolo bien, podríamos crear una organización como aquella OPEP que formaron los petroleros y pusieron de cabeza al mundo, ¿no es así?

–En efecto, así es, y hasta podríamos llamarle la OPED, Organización de Productores y Exportadores de Drogas —bromeó Restrepo—. Sólo debemos recordar que la OPEP ya fracasó una vez porque los yanquis hicieron que Arabia Saudita traicionara a sus socios aumentando escandalosamente la producción para provocar el desplome de precios. Entre nosotros es necesario comprometernos a triunfar todos o caer todos, y en caso de que surja un traidor, aplicarle al máximo las represalias de que seamos capaces. O todos triunfadores o todos muertos.

–No veo que haya otro modo de que funcione esto —dijo Gastélum; Madame Nataphorn convino en que así era y señaló que el acuerdo definitivo se tomaría la semana siguiente. Luego hizo venir a un mozo para pedirle champaña y brindar por el éxito del proyecto.

27

ÚLTIMOS DETALLES

Para el regreso, Gastélum volvió a viajar en clase turista, aunque tuvo cuidado de reservar oportunamente su asiento en el vuelo directo Bangkok-Los Angeles. De todos modos el trayecto fue largo y fatigoso, por lo que se sintió feliz al tocar de nuevo la tierra de California. Después de pasar migración y aduana se dirigía a la sala donde debía conectar a Culiacán, pero al cruzar la puerta de acceso al pasillo principal se topó con el licenciado Eugenio Garmendia y Gonzaga. Obviamente, Garmendia no había querido esperar el regreso de Gastélum a Culiacán. Tampoco había querido telefonear y arriesgarse a que alguien interceptara la llamada. Ninguna precaución era excesiva para el asunto que traían entre manos.

Gastélum disimuló su sorpresa mientras el licenciado lo abrazaba como si el encuentro fuera producto de la más improbable de las coincidencias. En seguida, el licenciado miró su reloj y dijo: –Son las 11:15 en Los Angeles, por si todavía no ha puesto usted la hora de aquí. Es absolutamente necesario que nos reunamos a las dos de la tarde en su cuarto de un hotel que le voy a indicar. El cuarto ya está reservado a nombre de Jorge Álvarez, de Villahermosa, Tabasco. Es el número 321. Aquí tiene usted la dirección...

Garmendia entregó una tarjeta con el nombre de un hotel de medio pelo, indistinguible de tantos otros similares, y el número de Sunset Boulevard donde se encontraba ubicado. Al reverso, para evitar equivocaciones, la tarjeta traía la inscripción: "Cuarto 321, reservado a nombre de Jorge Álvarez, de Villahermosa, Tab."

Lo primero que hizo Gastélum fue marchar al mostrador de la aerolínea en la que iba a proseguir el viaje a Culiacán a fin de cancelar ese vuelo y reservar otro para el día siguiente. En seguida fue por un taxi y al cabo de una hora llegó al hotel.

Un minuto antes de las dos de la tarde, el licenciado Garmendia y Gonzaga entraba a la habitación de Gastélum. Por esa vez el licenciado se abstuvo de hacer empalagosos preámbulos y abruptamente solicitó a Gastélum un informe lo más detallado posible sobre su misión en Bangkok. Cuidadosamente anotó los datos en una libreta, sin duda para trasmitirlos a sus jefes: –Veo que todo salió bien —dijo—. Habrá que esperar el plazo de una semana para hacer las últimas reflexiones pero no es difícil que el proyecto se ponga en marcha. Mientras tanto, le recomiendo extremar las medidas de precaución. Por ejemplo, sería mejor que se abstuviera de ir a cenar o reunirse con sus amigos de Los Angeles.

–¡Por supuesto! Ni siquiera se me había ocurrido llamarlos. Por eso traje este montón de revistas, para quedarme leyendo en el cuarto y mañana temprano volveré a Culiacán.

–Magnífico... Magnífico... Estamos de acuerdo en todo. Debo marcharme en este momento, pero antes le daré un recado que me ordenaron trasmitirle: si el proyecto marcha, usted será debidamente recompensado.

–Me conformo con que todo salga bien.

–Y bueno, nos veremos de vuelta en nuestra tierra.

Al quedar solo, Gastélum hizo a un lado las revistas, pues comprendió que no tenía ganas de leer. Apenas entonces comenzaba a digerir el hecho de que había participado en una conferencia cumbre del narcotráfico mundial. Se preguntó a qué conducirían los acuerdos de Bangkok, y acabó diciéndose que él no tenía la manera de averiguarlo, por lo que le era forzoso esperar. Bien a bien, ni siquiera sabía cómo se había metido en semejante lío, y tras repasar los acontecimientos se dio cuenta de que todo había comenzado unos meses antes, el día que la hija del "Armatoste" Galindo recibió la primera comunión.

LA NUEVA CULTURA

E l *tout* Culiacán abarrotó la iglesia donde tuvo lugar la misa en que la pequeña Thalía Galindo, apadrinada por don Ramiro Gastélum, recibió la primera comunión.

Una vez terminada la ceremonia, la concurrencia enfiló hacia los sitios donde estaban estacionados sus automóviles —la mayoría de último modelo, y blindados en alta proporción. Gastélum quedó admirado de ver tanta gente adinerada. Recibió el saludo de muchos personajes que, al despedirse, invariablemente le decían que esperaban verlo en el banquete de celebración.

Gastélum abordó su Mercedes negro, donde esperaba Jerónimo el chofer. Como no había recibido otras instrucciones, Jerónimo enfilaba hacia la residencia del patrón, cuando Gastélum lo sorprendió al preguntarle:

–Y qué: ¿Tú también eres devoto de Malverde?

–Lo visito de tarde en tarde, patrón. Igual que medio Culiacán.

–Lléveme pues a su altar.

Acostumbrado a recibir órdenes extravagantes, Jerónimo se limitó a enfilar hacia el venerado sitio, en el centro de la ciudad.

Desde la adolescencia, el sesentón Gastélum había oído hablar de Malverde, un personaje del que se dice que vivió en el siglo XIX, que era sastre y que de noche se convertía en ladrón para robar a los ricos y socorrer a los pobres; que en la residencia del gobernador robó no sólo joyas y monedas de oro, sino también a la bella hija del dignatario; que al cabo fue capturado, colgado y exhibido para escarmiento de los revoltosos, y que el cadáver permaneció atado a la rama del árbol hasta que se fue desbaratando a pedazos y sólo quedó la soga.

De nada sirvió que el clero y los eruditos calificaran de falsa la existencia de Malverde: los pobres de todo el mundo siempre han anhelado tener un Robin Hood que los proteja, y alguien levantó un pequeño altar o capilla en el sitio en que supuestamente fue colgado el personaje, el cual, con el paso del tiempo, acabaría siendo objeto de veneración popular. Un día fue colocado en el altar un busto de Malverde, hecho por un rústico escultor que imprimió en el rostro rasgos parecidos a los de Pedro Infante, el ídolo de Sinaloa. Se aseguraba que, cuando aún estaba colgado, la gente piadosa cubría con piedrecillas los fragmentos de piel desprendidos del cadáver, y la costumbre persistió como acto simbólico a través de los años, sin que las autoridades eclesiásticas o civiles lograran suprimir o siquiera contener el avance del culto.

Desde el principio se atribuyó a Malverde la facultad de hacer milagros como el de sanar enfermos, ayudar a la gente en aprietos económicos o sentimentales y devolver la vida a moribundos. En los últimos años se le habían añadido poderes para facilitar el comercio de drogas y librar de males a los perseguidos por la ley, de modo que finalmente se le conocería como el santo de los narcotraficantes.

Cuando llegó al altar, Gastélum encontró el piso tapizado de montoncitos de piedra, veladoras y velas que se ofrendaban a Malverde en agradecimiento por favores recibidos. Junto al busto se apreciaban en calidad de milagros muchos listones de colores, fundas de "cuerno de chivo" fabricadas por un talabartero local y hasta cartuchos de bala. Media docena de mujeres oraban devotamente, tal vez en solicitud de protección para los maridos o los hijos narcotraficantes, o quizá sólo para implorar armonía en la familia, obtener éxito en un negocio o conseguir dinero prestado.

Gastélum contuvo el deseo de conversar con las mujeres y optó por volver al automóvil e interrogar a Jerónimo: –¿Así que todos los días viene gente aquí?

–Yo conozco señoras que no dejan pasar semana sin hacer la

visita. A veces organizan grandes fiestas con música de tambora y lanzamiento de cohetes.

En un intento por entender lo que había visto, Gastélum se dijo que tal vez los cambios señalaban efectivamente el surgimiento de un nuevo modo de vida, como tan a menudo se comentaba en Culiacán. O, como decían los intelectualoides, la aparición de una nueva cultura en la que se reflejaba el peculiar ingenio surrealista de la comarca. Gastélum se reprochó que, por el aislamiento en que vivía, se estuviera perdiendo de ver cómo se afianzaban los cambios. Disponía de tiempo libre antes de tener que ir al banquete, de modo que ordenó a Jerónimo: –Ahora llévame a los Jardines del Humaya.

–¿Al cementerio, patrón?

–Exactamente. ¿Crees que vale la pena ir?

–¡Uh, patrón! Claro que vale la pena.

–Bueno, vamos.

–Ojalá que esté animado como anteayer que hubo un gran entierro. Creo que el muerto era uno que controlaba el negocio de la yerba en la sierra. Trajeron a tres de los grupos musicales más famosos de Monterrey y los tuvieron tocando dos días enteros con sus noches, hasta que ya no pudieron más. También hubo tambora. Los dolientes se pusieron una borrachera de los mil diablos y dejaron el piso cubierto de botellas y cartones de cerveza vacíos.

–A ver si podemos ver algo.

–Lo veremos, patrón. No se preocupe usted.

El portón que da acceso al cementerio estaba cerrado, pero el vigilante lo abrió de par en par al percatarse que en el Mercedes venía don Ramiro. Cuando bajaba del vehículo, Gastélum divisó un espacioso terreno cubierto de césped que surcaban calles bordeadas con palmeras y pulcramente pavimentadas, a lo largo de las que se alineaban docenas de mausoleos medianos y otros de gran tamaño, hechos de mármol blanco y con aspecto de templos griegos, algunos terminados y otros en proceso de construcción. El lugar había sido escogido por los nar-

cotraficantes de la comarca para asegurarse de que su muerte fuera con-
memorada con la debida pompa.

—Todavía hay lotes vacíos, pues el cementerio abarca treinta y
tres hectáreas y tardará tiempo en llenarse —explicó el velador—. De
los que ya tienen dueño, en algunos se han construido las tumbas, o
las están construyendo, para que estén listas cuando llegue el momento de usarlas. Y con lo riesgoso del oficio de los dueños, pues a cada
rato tenemos funerales aquí.

El velador se ofreció como guía para mostrar los puntos más
interesantes: —Los muertos que nos traen han sido gente alegre y or-
denan que sus funerales se celebren con música —señaló—. Los que
hacen su agosto con esta costumbre son los músicos; les pagan muy
bien por componer canciones que cuenten las hazañas y los actos de
valor del difunto. Hasta se imprimen discos con estas canciones, pero
se olvidan pronto, porque está prohibido trasmitirlas por radio.

Al recorrer las calles, Gastélum se enteró de que algunos mausoleos estaban equipados con celdas solares o con acumuladores para
asegurar la iluminación por las noches o poner en acción los aparatos
de alta fidelidad que trasmitían música solemne durante las veinticuatro horas. Algunos tenían como principal decoración grandes fotos del
deportista favorito del muerto. Otro, propiedad de un piloto, exhibía
en sus altos ventanales de vidrio polarizado las alas que los aviadores
reciben como insignia. En el de un narcotraficante de mediana escala
a quien en vida apodaban "El Lobito" se incluyó la estatua de un lobo
vaciada en bronce dorado.

—Y vea usted esta curiosidad —indicó el velador, apuntando
hacia un mausoleo de medianas proporciones—: aquí los niños se
adelantaron al padre y ya reposan en sus nichos; los juguetes que usaron en vida están colocados en esa especie de repisas y en los cumplea-
ños de los chiquillos traen conjuntos de músicos y cantantes para que
toquen canciones infantiles.

Casi todos los narcotraficantes cuyos nombres habían apareci-
do en las primeras planas de los periódicos ocupaban ya su última mo-
rada o la tenían en proceso de construcción. Existía una especie de

34

competencia por ver quién mandaba hacer el mausoleo más ostentoso, con capacidad para albergar los restos mortales de la familia entera. El mayor tenía cupo para dieciséis féretros de otros tantos familiares cuyas fotografías aparecían exhibidas en una vitrina pegada a la pared.

—¿Le muestro el lote de quinientos metros cuadrados donde van a construir la tumba más grande de todas, patrón? —dijo el velador.

—Con lo visto es suficiente —repuso Gastélum, y en seguida ordenó a Jerónimo que diese al velador cincuenta pesos de propina.

—Si se anima usted a comprar su lote, ojalá que me lo diga para ganar mi comisioncita sobre la venta, patrón —dijo el velador.

—Lo pensaré y yo te aviso —repuso Gastélum. En realidad, el hombre ya tenía ordenado en sus disposiciones testamentarias que incineraran su cadáver y diseminaran las cenizas en el mar, frente a las playas de Mazatlán.

Jerónimo anunció que había llegado la hora de irse al banquete, y el Mercedes partió.

FIESTA

La casa de Arnulfo Galindo (alias "El Armatoste") está rodeada por una barda de piedra de cuatro metros de altura en la que se han disimulado, hasta ocultarlos por completo, los dispositivos electrónicos que permiten vigilar los accesos. El portón de entrada es de acero pintado de negro reluciente, y tiene remates de bronce dorados a fuego. Del lado derecho, hacia la parte superior del portón, se despliega el monograma "A.G.", también dorado a fuego.

Los seis pistoleros que custodiaban la entrada se hicieron a un lado para dejar libre el paso al Mercedes negro de don Ramiro Gastélum. Eran las dos de la tarde y, por supuesto, hacía mucho calor, ya que el sitio se encuentra a pocos kilómetros de Culiacán. El vehículo avanzó por un sendero flanqueado de cipreses, que remata en una glorieta tapizada de flores; y en el centro tiene, en escala menor, una réplica de la fuente de Trevi tallada en mármol de Carrara.

De tez muy morena, áspera piel, negro bigote al estilo de los galanes del viejo cine mexicano y cabello cerdoso; con casi dos metros de musculosa estatura, enfundado en una camisa italiana de seda, jeans de los de a quinientos dólares y botas de piel de víbora; adornado con reloj Rolex, gruesa esclava y cadena de oro colgada del cuello hasta el pecho y rematada con un medallón decorado con el monograma A.G., Arnulfo Galindo esperó la llegada del vehículo en la glorieta, junto a la escalinata de cantera que conduce a la entrada de la residencia. Cuando el automóvil se detuvo, el hombre se apresuró a abrir la puerta trasera y dijo: –Gracias por honrar con su presencia ésta su casa, patrón.

Al bajar, don Ramiro se encontró frente a la escalinata que, montada sobre una loma artificial, ascendía hasta llegar a la residencia cuya fachada de estilo provenzal, en mármol rosa de Puebla, refulgía en lo alto. El terreno aparecía cubierto de pasto meticulosamente recortado.

—Me habían hablado mucho de tu nuevo jacalito y por fin tuve tiempo de venir a conocerlo. ¡Qué bárbaro! No te mides, ¿eh?

—A uno le gusta la buena vida, y cuando se puede, pues hay que dársela, patrón.

Mientras Jerónimo llevaba el vehículo al estacionamiento, los dos hombres ascendieron por la escalinata. Don Ramiro, a pesar de su estatura cercana al 1.80, se veía pequeño frente al gigantón Galindo. Esbelto y muy semejante en apariencia al Gary Cooper de la última época, Gastélum vestía su habitual traje de tres piezas, de casimir gris claro, sin más adorno que la corbata roja y el reloj con leontina de oro que guardaba en el bolsillo del chaleco.

La escalinata terminaba en una terraza con piso de cantera y macizos de variadas flores. Los dos hombres continuaron hasta la puerta de la residencia, que desplegaba un frontón laqueado en verde olivo, con chapetón y picaporte dorados.

Tras cruzar la puerta llegaron al inmenso hall, abundantemente cubierto de tapetes, y ornado de esculturas, porcelanas y jarrones chinos, además del mobiliario chino laqueado en rojo, con sofás tapizados de brocado rojo y oro para armonizar con la madera de las paredes. En el centro había una baja mesa redonda sobre la que se erguía un descomunal florero de porcelana china cuajado de orquídeas.

Por una puerta de vidrio entraron al comedor principal, cuya mesa para veinticuatro comensales tenía base de bronce recamada con figuras de negros y negras y en el centro un globo terráqueo recubierto de oro. Las patas de bronce figuraban negros desnudos que sostenían con las manos la cubierta de vidrio; las sillas también eran de bronce y como toque decorativo tenían hojas de acanto laqueado en verde y asientos de brocado verde con oro. Del techo colgaban dos candiles de Murano de treinta y seis focos cada uno, y en las esquinas había credenzas con vitrinas hasta el techo, iluminadas para el mejor lucimiento de una colección de piezas de bacarat.

—Abajo pusimos la sala de armas, el cuarto de juegos y trofeos de cacería y una discoteca para los jóvenes. Si me permite, se las mostraré después —dijo Galindo.

—Está bien. Vengo cansado y prefiero reposar un poco —repuso Gastélum.

Salieron de la residencia, cruzaron el terreno donde se hallaba la gran alberca con tobogán y continuaron al jardín trasero, decorado con fuentes que desplegaban esculturas de mármol de las cuatro estaciones, más un estanque con peces de colores, garzas y flamencos. Al fondo apareció una gran extensión de verde pasto sobre el que se habían colocado mesas suficientes para acomodar varios cientos de invitados. Cubiertas con manteles de poliester color de rosa, cada una tenía en el centro una escultura de porcelana de un metro de largo —mandada a hacer especialmente para la fiesta— que representaba a Blanca Nieves en carruaje. Las servilletas de papel mostraban figuras de animalitos de Walt Disney.

La concurrencia abarrotaba ya las mesas: personajes provenientes del narcotráfico, tales como operadores de las flotillas de camiones y aviones usadas para trasportar la droga; dueños de la red de almacenes destinados a guardar la marihuana recibida de todo el país, que se compactaba en pacas usando aparatosas prensas mecánicas; monopolizadores de la producción y la comercialización del opio sinaloense; colombianos encargados de controlar las ventas de cocaína; los supervisores de las redes de distribución y los policías judiciales que brindaban ayuda y protección a las bandas. La mayoría de estos individuos vestía costosa ropa adquirida en el último viaje a Las Vegas: camisas y jeans de diseñador italiano, reloj de oro y al cuello cadenas de oro; botas de piel de culebra de a mil dólares el par, etcétera. Junto a ellos circulaban varios individuos con atuendo sport: los encargados de vigilar las finanzas o los abogados especialistas en sacar de la cárcel a los detenidos.

Las mujeres habían vaciado las tiendas de Tucson en busca de los atavíos que lucirían en la fiesta: vestidos de tela vaporosa en colores pastel, zapatos de tacón alto, dorados por lo general, y un obsceno despliegue de aretes, collares, prendedores, anillos de diamantes y pulseras recargadas de piedras preciosas. Con excepción de las sexagenarias y un puñado más, todas llevaban el pelo teñido de rubio.

En su carácter de primera dama, Lucha, la esposa de Galindo —una morena de mediana estatura, treintañera, ni guapa ni fea— circulaba amigablemente entre las invitadas y hacía ademanes que le permitían lucir el anillo de diamantes más grande visto en la comarca. La mayoría de las mujeres eran de tipo similar al de Lucha, pero también había media docena de hembras de ésas que suelen ganar los primeros lugares en los concursos nacionales de belleza: de piernas larguísimas, busto erguido y grandes ojos negros o verdes; los maridos las exhibían como trofeos.

Parvadas de niñas y niños correteaban por el jardín, entre ellos Thalía, la pequeña agasajada. Dos docenas de pistoleros, de pie y aparte de los invitados, montaban guardia en previsión de lo que pudiera ocurrir.

Fuerte aplauso rubricó el momento en que don Ramiro y Galindo tomaban sus asientos en la mesa de honor. Galindo pidió a don Ramiro que se pusiera de pie; éste saludó a la concurrencia agitando la mano derecha, y los aplausos se renovaron. Al instante los meseros servirían las copas de champaña rosado para el primer brindis.

El menú: carne de res asada y langostas gigantes de Sonora; variados mariscos solos o en coctel, sopa de tomate sinaloense, chilorio, machaca y frijoles maneados, con salsas varias y abundante guacamole. Por compromiso —había que guardar compostura en aquella fiesta familiar— los comensales se tomaron el champaña, pero luego pidieron las bebidas que disfrutaban en verdad: whisky etiqueta negra o tequila del más caro y, sobre todo, cerveza.

Después del postre, cortado de un pastel de seis pisos, hizo su aparición una docena de payasos y magos que entusiasmaron a la chiquillada. El programa continuó con una popular cantante de televisión traída ex profeso de la ciudad de México, que interpretó canciones de

Cri Crí. Como fin de fiesta se presentó un conjunto de adolescentes cantantes y bailarines de rock and roll mexicano.

En seguida, los niños y las niñas se fueron a una réplica de los parques infantiles que funcionan en los McDonald's de Arizona, donde podían montar en el ferrocarrilito y los caballitos, subirse a las resbaladillas, usar los subibajas, encaramarse en las changueras y jugar con montones de pelotas grandes y chicas. Los adultos sonrieron, pues con la ausencia de los niños llegó el momento de que entraran los grupos Tex-Mex que tocaron y entonaron canciones dedicadas a narrar hazañas de narcotraficantes en su lucha contra policías y aduaneros.

Sin duda, la fiesta continuaría hasta la madrugada siguiente, por lo que, cuando pardeaba la tarde, Gastélum se levantó de la mesa simulando que iba al mingitorio. Galindo comprendió que el hombre hacía un discreto mutis y fue tras él. En efecto, después de usar el mingitorio Gastélum dijo que iba a marcharse; pero Galindo todavía lo obligó a pasar a ver el cuarto de armas repleto de "cuernos de chivo", pistolas con cacha de marfil adornada de piedras preciosas, más una especie de rifles con mira telescópica, de los usados en películas de Hollywood. Continuaron a la sala de juegos con su ruleta, mesas de tapete verde y paredes de caoba decoradas con cabezas disecadas de leones, tigres, elefantes, venados, jirafas y otros animales. Galindo sólo omitió mostrar "las oficinas", o sea los cuartos donde se apilaban cajones y costales repletos de los billetes de dólares recibidos como pago por los cargamentos de droga, y que eran entregados a las máquinas contadoras para formar con ellos fajos de valor uniforme.

Gastélum quedó muy impresionado. Sintió el impulso de aconsejar mayor cautela a Galindo, pero se limitó a repetir: –Tú sí que no te mides, ¿eh?

–Yo creo que el dinero es para lucirlo, patrón. Si no, ¿de qué va a servir?

La pregunta quedó sin contestación, pues Jerónimo el chofer aguardaba ya con el Mercedes al pie de la escalinata. Galindo acompañó a Gastélum para que abordara el vehículo y ambos se despidieron con un abrazo.

41

El Mercedes arrancó hacia la salida del caserón y tomó la carretera rumbo a la ciudad. A solas en el asiento trasero, don Ramiro no pudo abstenerse de pensar que Galindo y otros como él podrían acarrear dificultades en un futuro; por toda la ciudad y por medio país se criticaba la desfachatez con que los narcotraficantes, no sólo Galindo, hacían ostentación de su riqueza, y aunque por el momento las autoridades no representaban ningún peligro, tal vez algún día la situación podría cambiar y convenía precaverse.

Claro, predicar prudencia resultaría imprudente. Aquellos hombres se jugaban a diario la vida por acumular sus tesoros, y si no los podían derrochar a gusto, de nada les servirían.

De tales cavilaciones pasó don Ramiro a analizar su caso personal. Los negocios legítimos que poseía: tres distribuidoras de grandes camiones y ocho de automóviles con sus respectivas refaccionarias y talleres de servicio, producían enormes ganancias año tras año. Luego, como partícipe semisecreto del narcotráfico, a menudo le entregaban baúles repletos de dólares. Había que reinvertir todo aquello y aunque don Ramiro tenía a su servicio un equipo de financieros expertos en localizar los bienes raíces más redituables, los bancos más seguros, las casas de bolsa más eficientes y los paraísos fiscales de mayor confianza, con el paso del tiempo el problema de supervisar las operaciones se complicaba.

Desde que acumuló los primeros diez millones de dólares y, peor aún, cuando vio duplicada y triplicada esa suma, don Ramiro había cargado con la tarea de decidir qué hacer con tanto dinero. Usualmente obtenía réditos del diez por ciento, o sea que le entregaban al año un millón de dólares por cada diez invertidos. Comprar grandes residencias, edificios de oficinas y hoteles —lo cual hacían la mayoría de los grandes narcotraficantes— era meterse en nuevos trabajos, como vigilar a los tramposos administradores de los edificios para que cobraran rentas, hicieran reparaciones necesarias, y atendieran a los inspectores del gobierno.

42

¿Y todo con qué propósito? Para darse la vida que le viniera en gana, a don Ramiro le bastaba y le sobraba con el producto de las distribuidoras de camiones. Ya poseía un gran caserón de estilo antiguo, magníficamente ubicado y con muebles de la mejor calidad; tenía un cocinero que le preparaba manjares dignos de un cardenal, y todavía un par de años antes, cuando vivía su esposa, se daba costosos paseos por California, Canadá y Europa. Pero después de que enviudó ya no pudo disfrutar en soledad esos viajes y dejó de hacerlos; se replegó en una rutina consistente en recorrer a diario los distintos negocios y luego pasar a su oficina, para retirarse a casa como a las siete de la tarde y no salir de allí sino hasta la mañana siguiente. No tenía hijos; sus padres habían muerto mucho tiempo atrás, y nadie de su parentela lejana le parecía merecedora de recibir ni un centavo como herencia. A veces hasta pensó formar una fundación que construyera y administrara un hospital para pobres; pero las dificultades de repatriar el dinero le hicieron desistir.

Con impotencia y rabia, Gastélum se decía que, cuando él muriera, su fortuna seguramente se quedaría en bancos, casas de bolsa y paraísos fiscales donde, por falta absoluta de beneficiarios de las cuentas, los financieros podrían apoderarse de los fondos confiados a su cuidado. Eso si de repente no surgían acontecimientos que sirvieran de justificación al gobierno de algún país para confiscar los capitales.

Por un momento se preguntó si, además de Galindo y otros jefes ostentosos, no debiera él mismo conducirse con mayor prudencia. Intimar en público con narcotraficantes conocidos se prestaba para despertar sospechas; quizá convendría reducir esos contactos al mínimo, aunque en Culiacán nadie se sorprendía de que un comerciante cultivara buenas relaciones con los "narcos", los cuales, después de todo, eran óptimos clientes para hacer legítimos negocios de importancia. O negocios ilegítimos: tampoco eso escandalizaba a la gente de Culiacán. En cuanto a las autoridades, el hecho de que los principales jefes policiacos de la comarca hubieran asistido como invitados a la fiesta de la chiquilla Galindo indicaba lo innecesario que era ocuparse de ellas.

43

Sólo Gastélum sabía cabalmente a cuánto ascendía y dónde estaba guardada su fortuna; únicamente un puñado de íntimos conocían la participación del respetable comerciante en el negocio de las drogas, y éstos eran de los que se mueren antes de delatar a los amigos. Además, Gastélum había procurado borrar las huellas de sus actos tan cuidadosamente que resultaría casi imposible encontrar pruebas en su contra con valor judicial.

¿Pero que tal si ocurría un acontecimiento inesperado, alguna catástrofe que obligase a desmantelar el negocio entero del narcotráfico, y que en estas circunstancias aparecieran datos comprometedores hasta para los individuos más discretos? Gastélum decidió no preocuparse por eventualidades tan remotas, aunque seguía pareciéndole conveniente ver con ojos propios lo que ocurría en su alrededor, y así pidió a Jerónimo que lo llevara a un restaurante o fonda en el que habían dado por trasnochar los narcotraficantes menores.

–Todavía es temprano y no ha de haber mucha concurrencia, patrón —dijo Jerónimo—. De todos modos, sería mejor que no baje usted del automóvil. Esa gente es muy desordenada y puede que alguien que no sepa quién es usted le falte al respeto.

A los pocos minutos llegaron a la famosa fonda, cuyo interior ya estaba repleto de clientes, mientras que en el exterior deambulaban por la banqueta grupos de cinco o seis hombres. La mayoría, jóvenes que vestían camisa italiana de seda y jeans de diseñador, eran la infantería del narcotráfico, anhelante por ascender en la escala jerárquica del negocio y dispuestos a cualquier cosa por lograrlo. Mientras esperaban ser reclutados para integrarse a una banda, varios adolescentes de doce o trece años servían de público. Un par de conjuntos de música norteña interpretaban las canciones compuestas para ensalzar las hazañas de traficantes vivos y muertos.

Los que no alcanzaban mesa se plantaban en la calle, junto a las paredes pintarrajeadas con leyendas obscenas o frases incomprensibles, escritas en el peculiar alfabeto usado por los "cholos" —los pandilleros locales. Se servían en platos de cartón que, una vez usados, arrojaban al suelo y formaban basureros. Tomaban la cerveza a boca de botella. Algunos fumaban marihuana y otros mostraban bajo la nariz la huella de la cocaína que habían inhalado. Muchos andaban armados hasta con "cuernos de chivo", y sus risotadas hacían trepidar el ambiente.

—¿Esto es todo? —preguntó Gastélum.

—Sí, patrón, aunque a eso de las doce de la noche la calle hierve con el gentío y a veces hay pleitos o gritería.

Además, según sabía Gastélum, de allí partían aquellas ráfagas de AK47 que resonaban como serenata en las noches de Culiacán, y que por lo general no eran dirigidas a un rival, sino que se soltaban por pura diversión. Se sabían amos de la calle, y la policía jamás osaba enfrentárseles.

¿Sería posible poner término constructivamente a ese estado de cosas —es decir, erradicar el narcotráfico sin provocar grandes derramamientos de sangre y perjuicios económicos irreparables para quienes se habían adaptado a la nueva cultura? En el asiento trasero del Mercedes, Gastélum sonrió al decirse que ese milagro tal vez no lo podría realizar ni Malverde. Se sentía cansado y pidió a Jerónimo que lo condujera a su domicilio. Lo que había visto le resultó inquietante, pero aún faltaba que se produjeran otros sucesos para que lo acometiera el deseo de intervenir.

EL AGENTE DE LA DEA

Media docena de individuos acudieron ante el jefe de la estación de la DEA en Mazatlán, Jesse Rojas, para proporcionarle la consabida lista de asistentes a la fiesta del "Armatoste" Galindo y comunicarle detalles sobre el despilfarro en los gastos, más lo que, según ellos, habían alcanzado a escuchar entre las conversaciones de los comensales: datos vagos y sin sustancia, que ya eran motivo de chismes en toda la comarca. Y de remate, una colección de exageraciones y mentiras obvias, acumuladas en un esfuerzo de los informantes por justificar sus servicios y lograr la mejor paga posible.

A la mayoría, Rojas les daba veinte o cuando más cincuenta dólares; sospechaba que algunos eran espías dobles y que sólo proporcionaban pistas falsas para confundir o desviar las investigaciones. Rojas los despreciaba con toda el alma, pero seguía tratando con ellos porque, decía, "son como los relojes parados, que dos veces al día dan la hora exactísima", y descubriendo esos raros momentos quizá se podrían desentrañar los enigmas del narcotráfico mexicano.

Rojas tenía que analizar la información recibida y luego compararla y completarla con sus propias indagaciones, para finalmente extraer los datos verosímiles y descartar los dudosos. *Tricky Mexicans!* (¡mexicanos tramposos!), pensaba Rojas, pero yo los conozco mejor de lo que creen y sabré sacar provecho al dinero que les pago por contarme sus mentiras.

Una vez depurada la información, Rojas redactaba el informe semanal dirigido a la estación central de la ciudad de México. Mien-

47

tras escribía se percató de que Ramiro Gastélum aparecía en todas las listas de invitados, con mención especial acerca de las desmedidas atenciones que se le tributaron, pero Rojas titubeó antes de incluir el nombre del personaje en el texto. Acerca de él sabía lo que se contaba por todo Sinaloa: que sus distribuidoras de camiones y automóviles eran sólo una fachada para ocultar sus actividades en el narcotráfico, pero por más esfuerzos que Jesse había hecho para lograr que sus informantes le proporcionaran datos tangibles y comprobables, nada había conseguido.

Cierto, la mayoría de los narcotraficantes de Sinaloa adquirían sus vehículos en los negocios de Gastélum o en las subagencias que éste había vendido a "El Armatoste" y otros como él; cierto, Gastélum parecía tener gran influencia entre tales individuos, pero lo mismo pasaba con otros ricos sinaloenses, que no sólo habían aprendido a vivir y convivir con el narcotráfico, sino que en ocasiones ellos mismos hacían pequeñas operaciones de compra-venta de drogas, lo cual era visto en Sinaloa como una travesura disculpable más que como un delito. Rojas sólo incluyó el nombre de Gastélum en la lista de invitados, esperando obtener informes más amplios para trasmitirlos a los jefes y sugerirles que abriesen una ficha especial en que se fueran añadiendo nuevos datos.

En cambio, el agente se extendió al reportar sobre el caso del "Armatoste" Galindo. Nada ambicionaba Rojas con mayor intensidad que lograr la captura de un pez gordo como ése, y no sólo por el prestigio que la hazaña le produciría ante sus jefes y compañeros de la DEA, sino también por razones de índole personal.

Cierta mañana de los días en que acababa de llegar a Mazatlán, Jesse había ido con Jenny, su esposa, a la playa de un hotel para asolearse y zambullirse en el mar. Mientras firmaba el recibo de las toallas, Jenny se adelantó a tomar asiento en una de las mesas con sombrilla que se proporcionaban a la clientela; la mujer llevaba un provocativo traje de baño y, a pesar del rostro caballuno, su busto generoso, sus piernas largas y bien formadas y su redondeado trasero, forzosamente llamaban la atención. Unos pasos adelante de ella, junto a otra mesa

48

con sombrilla, se encontraba sentado "El Armatoste" Galindo, quien al verla pasar la miró detenida y lujuriosamente; peor aún, a Jesse le pareció que la mujer le sostenía la mirada y hasta le sonreía. Nunca le reclamó a Jenny, ni contó el incidente a ningún amigo, pero íntimamente hervía de cólera cada vez que escuchaba nombrar al traficante.

Cuando era adolescente y vivía en el sector este de Los Angeles, en el barrio de Maravilla, Rojas pasaba la mitad de la vida pegado a la televisión; así se enteró de que el presidente Richard Nixon había declarado una guerra contra las drogas, a las que atribuía todos los males que aquejaban a la nación. Las televisoras transmitían a diario estrujantes imágenes de jóvenes muertos por sobredosis, o caídos en riñas sangrientas por la posesión de enervantes, o cometiendo asaltos para conseguir el dinero necesario para financiar su adicción. En septiembre de 1969, tras informar que la heroína y la marihuana que envenenaban a la juventud norteamericana provenían de México, Nixon puso en marcha la Operación Intercept, cuyo objetivo final era sellar la fuente de abastecimiento.

Durante varios días la frontera con México estuvo semicerrada: el paso de automóviles y camiones demoraba seis o más horas debido a la minuciosa revisión a la que miles de agentes sometían los vehículos. Se obligó a hombres y mujeres sospechosos a bajar de sus automóviles para registrarlos. Aunque su padre vio los hechos como otra indignante arbitrariedad de los gringos, el joven Jesse aplaudió el vigor con que su presidente velaba por la salud del país.

Declarándose victorioso, al cabo de tres semanas, Nixon suspendió la operación Intercept, aunque no se localizaron cantidades significativas de enervantes ni se identificó a los grandes mayoristas que operaban el negocio dentro de Estados Unidos. Washington había tratado con desprecio las protestas del gobierno mexicano, pero cuando los comerciantes de Laredo a San Diego hicieron ver que la escasez de turistas y compradores mexicanos los estaba arrastrando a la quiebra, Nixon optó por trasladar su asedio hacia Turquía, donde supuestamente se cultivaba la amapola utilizada para extraer el opio que inundaba Nueva York.

Se decía que el opio turco se procesaba en Marsella, de donde era exportado a Estados Unidos. Por lo tanto, se sometió a presiones al gobierno francés y al cabo de algún tiempo se confiscó en Nueva York un gran cargamento de drogas que pasó a ser guardado en las bodegas de la policía neoyorkina. (El caso dio lugar a la publicación de un libro y a la filmación de una película que llevaron el título de *Contacto en Francia*; Jesse aplaudió la hazaña y nunca se enteró que los mismos policías robaron las drogas de la bodega para luego venderlas en las calles de Nueva York.)

En 1973 la campaña de Nixon culminó con la creación de la Drug Enforcement Agency (DEA), que supuestamente atacaría de raíz el problema. Las drogas, decía el presidente, estaban destruyendo el tejido mismo de la sociedad norteamericana y había que combatirlas sin contemplaciones. Los críticos señalaron que, por las facultades que se le adjudicaron para espiar las vidas de los ciudadanos, para efectuar redadas de sospechosos y catear domicilios sin orden judicial, la DEA constituía una nueva Gestapo violatoria de las libertades constitucionales, pero ninguna halló mayor eco. Nixon se disponía a poner en marcha la DEA cuando debió renunciar al hacer crisis el escándalo de Watergate.

El joven Jesse no estaba en edad de apreciar los antecedentes que hicieron surgir la guerra contra las drogas. Con el lanzamiento del primer Sputnik en octubre de 1957, la Unión Soviética había inaugurado la era espacial; los norteamericanos estaban al tanto de que podían ser bombardeados con atómicas lanzadas por cohetes soviéticos, y la población aterrorizada se puso a construir miles y miles de lastimosos refugios nucleares. Luego, al despuntar 1959, Fidel Castro entró en La Habana al frente de sus barbudos, y desde el primer momento surgieron temores de que Cuba se convirtiera en base de operaciones para la URSS.

John F. Kennedy fue asesinado en noviembre de 1963 por quien hasta el último momento aseguró ser "un chivo expiatorio", que a su vez murió a manos de un mafioso de ínfima categoría, moribundo de cáncer, que afirmó haber actuado sólo por el deseo de vengar a Jacqueline, la encantadora viuda del presidente. La explicación oficial de que el supuesto vengador actuó por voluntad propia no satisfizo a toda la opinión pública. Luego, el 5 de junio de 1968, Robert, el hermano de Kennedy y candidato a sustituirlo, murió también asesinado en circunstancias que se prestaron para pensar que los poderes ocultos de Estados Unidos estaban utilizando a gatilleros para resolver sus pugnas internas.

En abril anterior también abatieron al prestigiado dirigente negro, Martin Luther King. En diversas ciudades estadunidenses registraron violentos disturbios iniciados por la población negra como protesta contra las arbitrariedades reales o imaginarias que cometían los blancos. Watts, un ghetto de Los Angeles, fue destruido, saqueado e incendiado por sus enfurecidos habitantes. El nuevo presidente, Lyndon B. Johnson, reconoció que los disturbios habían tenido por origen "el racismo blanco", y muchos individuos expresaron temores de que estuviera gestándose una guerra racial.

Vietnam, sobre todo, se había convertido en la pesadilla de los norteamericanos. Al ser derrotados los colonialistas franceses en 1954, tras la batalla de Dien Bien Phu, Vietnam quedó dividido en un territorio norte, comunista, y uno al sur, que acabó convirtiéndose en protectorado norteamericano. Cuando en 1965 el Sur se mostró incapaz de contener el avance de los norteños comunistas, Johnson envió cada vez más y más soldados propios al teatro de hostilidades, hasta que sumaron 500,000 estadunidenses. Aunque disponían de los más avanzados aparatos bélicos sufrieron derrota tras derrota con decenas y decenas de miles de muertos.

Estados Unidos se vio sacudido por gigantescas manifestaciones contra la guerra de Vietnam. Miles de jóvenes quemaban la bandera de las barras y las estrellas y arrojaban al fuego sus tarjetas de reclutamiento. Corrían rumores de que algunos de los soldados que estaban en Vietnam habían dado por matar a sus oficiales disparándoles a la cabeza por la espalda, y fotos como la famosa de la niña vietnamita que corría desnuda frente al estallido de una bomba de napalm lanzada por aviones yanquis, hicieron dudar a multitud de estadunidenses de la calidad moral de sus gobernantes.

51

Durante toda la administración de Johnson, que concluyó en 1969, la guerra de Vietnam acarreó una cadena de humillantes derrotas para Estados Unidos. El nuevo presidente, Richard M. Nixon, mantuvo las hostilidades a bajo nivel hasta 1973, en un esfuerzo por maquillar la derrota.

Por añadidura, el país enfrentaba un desastre económico. Entre 1965 y 1970 el costo de la vida aumentó 30%; la producción industrial registró bajas y el mercado de valores estaba por los suelos. Casi uno de cada diez trabajadores estaba desempleado, en tanto que la inflación persistía. Se multiplicaron los robos y asaltos en Nueva York y en otras grandes ciudades, al punto de que Estados Unidos llegó a ser clasificado como uno de los países más inseguros del orbe. El dólar fue devaluado dos veces. El país parecía encaminado hacia la latino-americanización. Para colmo, los países árabes y Venezuela se pusieron de acuerdo para mantener la oferta de petróleo por debajo de la demanda, y en ciertos momentos el precio del barril llegó a ser veinte veces más elevado de lo que había sido años antes, lo cual se tradujo en efectos catastróficos para la balanza de pagos estadunidense.

A fin de sobrevivir en el infierno vietnamita, miles de soldados contraían el hábito de consumir opio y heroína, y al regresar a su país diseminaban la adicción. Un chiste que circuló en la época sostenía que sólo drogado (o borracho, ya que la nación estadunidense tiene uno de los más elevados índices de alcoholismo) se podía vivir en Estados Unidos.

Tal vez, como afirmaban algunos sociólogos, los niveles de drogadicción bajarían tomando medidas para aliviar las angustias económicas de la población empobrecida, entre la cual el uso de drogas estaba creciendo; pero esas medidas requerirían afectar a muchos poderosos, y Nixon no iba a adoptarlas. En cambio instrumentó una ensordecedora campaña de propaganda en la que se daba a entender que no eran ni la amenaza soviética, ni la guerra de Vietnam, ni la inflación, el desempleo y la inseguridad la causa de los grandes problemas de Estados Unidos, sino la droga. Si es que los comunistas no estaban detrás del narcotráfico, seguramente lo estimulaban en la medida de lo posible.

Se exageraron las estadísticas sobre drogadicción, al grado de atribuir a los consumidores de drogas más del doble del total de delitos cometidos por todas las causas en Nueva York y otras ciudades. El villano que envenenaba a la juventud era el narcotraficante y Nixon afirmó estar decidido a exterminarlo, aunque jamás actuó contra los grandes distribuidores yanquis y sólo se ensañó contra los consumidores y contra países débiles como México y Turquía. Gracias a esta cortina de humo, hasta el fracaso de Vietnam, la crisis económica derivada de los altos precios del petróleo y el terror que inspiraba el poderío soviético pasaron a ocupar un segundo plano.

El padre de Jesse se enfurecía contra los gringos que maltrataban a México. Jesse no se atrevía a contradecirle —y menos en inglés, como le hubiera sido más fácil hacerlo, porque el padre le tenía prohibido usar ese idioma en casa— pero él, influido por la televisión, justificaba sin reticencias la actitud de Nixon. Además, sabía que la marihuana que fumaban los vagos de su barrio provenía de México, y para Jesse era incomprensible que su padre siguiese encariñado con su país de origen, que tan mal lo había tratado: a su natal pueblo de Chalma, le refirió el viejo, llegaban peregrinaciones de muchos miles que, por falta de dispositivos sanitarios, defecaban en cualquier parte, dentro y fuera de la población. Desde chiquillo, el padre de Jesse tuvo como primer trabajo el de recoger excrementos con un trozo de hoja de lata y guardarlos en una canasta que llevaba colgada del brazo. Los padres vendían el producto como abono, muy solicitado —porque, según se decía, hacía más picantes los chiles.

La miseria había obligado al padre de Jesse a irse de "mojado". En Estados Unidos sufrió explotación y vejaciones, que resultaban tolerables en comparación con la desesperanza de Chalma; y después de conseguir papeles para trabajar legalmente, había ascendido a supervisor de línea en una fábrica de muebles. A base de sacrificios pudo comprar la destartalada casucha del barrio de Maravilla donde vivía con la familia. En medio de todo esto, el hombre siguió siendo un mexicano muy patriota.

Por su parte, Jesse rechazaba el calificativo de "Mexican" y más aún el de "chicano", que consideraba despectivo; prefería presentarse como "Mexican-American", y mejor aún, como "American" a secas. Al terminar la adolescencia era un muchachote moreno y fortachón, que destacaba como deportista en su high school y triunfaba en las riñas a puñetazos con sus condiscípulos. Los vagos y pandilleros que se congregaban en las esquinas del barrio de Maravilla evitaban meterse en líos con él, a pesar de que Jesse se negaba a fumar marihuana y cometer robos o actos vandálicos en pandilla.

Cuando observaba las casuchas y las calles cochambrosas y llenas de baches de su barrio, se preguntaba qué tan horrible tendría que ser México para que su padre se sintiera tan satisfecho, orgulloso y afortunado de poseer casa en Maravilla. Desde chico, Jesse había anhelado mudarse al oeste de Los Angeles, a un barrio "anglo" limpio y bien ordenado, donde no hubiera cochambre ni mexicanos andrajosos y torpes.

A los 18 años de edad Jesse se dio de alta como "marine". Sobrevivió a los brutales entrenamientos y destacó por su arrojo, fuerza física y buena puntería como tirador. La guerra de Vietnam ya había pasado a la historia, de modo que no le tocó participar en conflictos bélicos. Al dársele de baja, un compañero "anglo" lo invitó a Nueva York para pasear un poco antes de volver a la vida civil. Conoció allá a una mesera rubia llamada Jenny, que vivía en el Bronx; tras breve noviazgo casó con ella y decidió quedarse en Nueva York. Fácilmente obtuvo trabajo como policía y con este oficio adquirió fama de ser empeñoso y capaz.

Después de Nixon llegaron a la Presidencia Ford y Carter, quienes en ningún momento mostraron especial interés por exhibirse como campeones en la lucha contra la droga, pero más tarde le tocó su turno a Ronald Reagan, el cual se empeñó en superar a Nixon en dureza. Con él empezó la DEA a vivir sus mejores años, en los que disfrutó de presupuestos cada vez más elevados. Se decidió enviar agentes a medio mundo, y para América Latina se contrató a hispanoparlantes en la creencia de que les sería más fácil trabajar en el punto que se les asignara. Jesse llenaba el perfil ideal, y como en su solicitud de empleo

54

dijo que entre las grandes aspiraciones de su vida tenía la de participar en la lucha contra las drogas, de·inmediato lo contrataron.

Enviado a Mazatlán como jefe de estación de la DEA, luego de trabajar un par de años en Nueva York, Jesse acogió el cambio con ánimo ambivalente. De México sólo conocía Tijuana por haber estado allí un par de veces, y no sentía particular inclinación por visitar el resto del país. Por otra parte, le complacía llegar a Mazatlán en calidad de gringo poderoso, con su placa policiaca y su sueldo en dólares. Como correspondía a su situación privilegiada, alquiló una amplia casa frente al mar.

Pronto palparía la realidad. Los colegas blancos del consulado, y los estadunidenses, también blancos, que residían en el puerto como ejecutivos empresariales o profesionistas, lo trataban amablemente para disfrazar su racismo pero no lo acogían en su intimidad, y en el fondo no le daban trato de igual. Por añadidura, cuando Jesse se presentaba en algún restaurante, los meseros lo tomaban por un naco cualquiera y no le brindaban el trato servil que suelen emplear frente a los estadunidenses blancos. Luego, cuando se corrió la voz de que era agente de la DEA, los mazatlecos lo vieron con repugnancia.

Cuando alguna vez le sacaron de quicio proclamó que él no era corrupto como los policías mexicanos. Entonces los mazatlecos lo miraban con sorna o lo calificaban íntimamente de pendejo, si es que no le preguntaban por qué la DEA, que conoce tan bien a los narcotraficantes mexicanos y hasta publica sus nombres, jamás ha denunciado ni mucho menos capturado a un solo pez gordo en Estados Unidos; y añadían que si la DEA conoce las rutas de México por las que se envían los cargamentos de droga hasta llegar a la frontera, por qué no exhibe las rutas empleadas para trasportar los cargamentos por todo el territorio estadunidense hasta los centros de consumo.

Lo peor vino cuando se publicó un libro en el que se daban detalles muy precisos para señalar que la CIA había llevado cocaína de Sudamérica a Estados Unidos para, con el producto de la venta, comprar armas y abastecer a las gavillas proyanquis de América Central, como los "contras" de Nicaragua. Los aviones que transportaban la droga de

55

la CIA aterrizaban tranquilamente en los mismos aeropuertos utilizados por los traficantes del común en territorio mexicano, y al pasar la frontera descargaban el producto en aeropuertos militares de Estados Unidos.

Varios informantes mazatlecos dijeron a Jesse que ellos en persona habían visto aterrizar aviones de la CIA en los mismos aeropuertos utilizados por los traficantes mexicanos. Tras titubear un poco, Jesse trasmitió esos informes a sus superiores, quienes rápidamente le contestaron que tales asuntos no eran de su incumbencia por tratarse de cuestiones muy delicadas, y que en el futuro debía abstenerse de volver a abordar el tema.

Este rechazo debilitó la confianza de Jesse en la pureza de las intenciones de los "Americans". En ciertos momentos hasta se preguntaba por qué las redadas de vendedores callejeros de drogas que constantemente se realizan en Estados Unidos conducen siempre a la captura de negros y latinoamericanos, al paso que rara vez se actúa sobre la comunidad blanca, que es la que agrupa al mayor número de adictos. Un día permaneció callado después que le dijeron que México había tenido la desgracia de tener por vecino a una nación de drogadictos, y que ésa era la única razón por la que habían surgido narcotraficantes en México.

Tampoco supo qué contestar cuando le preguntaron por qué la DEA vigila tan estrechamente las casas de cambio y los bancos mexicanos donde se lavan dólares, aunque todo ese dinero acaba yéndose a Estados Unidos para ser relavado sin que nadie moleste a los banqueros gringos. Jesse sólo se pudo tranquilizar diciéndose que el combate a las drogas era una guerra entre el bien y el mal. Él había escogido el bando del bien; él nunca sería corrupto como los colegas que, por excepción, sucumben a la atracción del dinero, y él persistiría en sus esfuerzos por acabar con los envenenadores de la juventud de su país.

Otro problema era Jenny. Desde el primer día que llegó a Mazatlán, la mujer descubrió en la casa rentada por Jesse una cucaracha más grande y repugnante que las del Bronx, por lo que cobró un odio instantáneo hacia el puerto. Nunca se aficionó a la comida mexicana, añoraba el spaghetti con albóndigas enlatado que comía en Nueva York y los chicles de bolita que compraba en el Bronx. Ni siquiera pudo acostumbrarse a tomar jugo de naranja recién hecho, y siempre prefirió el rehidratado de su país. Por añadidura, las estadunidenses que vivían en Mazatlán —todas de clase media y relativamente bien educadas— jamás invitaban a sus casas o reuniones a la exmesera, y como ella no hablaba español, y estaba casada con un chicano, las mazatlecas la miraban con indiferencia. Finalmente Jenny decidió regresar a Nueva York, diciendo que prefería el divorcio a seguir en México.

Jesse no se lo tomó a mal: también él quería regresar cuanto antes a Estados Unidos. Y para lograrlo, nada mejor que dar un gran golpe, romper la espina dorsal al narcotráfico de Sinaloa, a fin de obtener un ascenso importante y así solicitar que le asignaran un puesto en la oficina central de la DEA. Lo malo era que los maricones del Departamento de Estado que dirigían la embajada no se atrevían a exigir con la debida energía al gobierno mexicano que dejara de proteger a sus narcotraficantes y los refundiera en prisión sin andarse con rodeos... Y bueno, ésa era una razón más para buscar la captura del "Armatoste" Galindo.

EL AMIGO JIMMY

A los tres días de haber estado en la fiesta de "El Armatoste", don Ramiro recibió un fax en el que Jimmy Parker anunciaba su próxima visita a Mazatlán y le pedía que se trasladara al puerto para volver a reunirse y charlar. Gastélum se apresuró a contestarle que, por supuesto, lo alcanzaría en Mazatlán.

—¿Qué traerá Jimmy ahora? —se preguntó Gastélum—. Ojalá no me vaya a enjaretar otro de sus líos. ¡Pero qué gusto me dará volver a verlo!

Después de enviudar y haber perdido uno tras uno a sus amigos sinaloenses, la única persona en la que Gastélum confiaba plenamente era Jimmy Parker. La amistad entre ambos databa de la preadolescencia. Los padres de Jimmy poseían una fábrica de muebles en Los Angeles y acostumbraban pasar las vacaciones en Mazatlán, alojados en el viejo hotel Belmar. Por entonces Ramiro Gastélum vivía en el puerto con su familia, en una casona ubicada a unas cuadras del hotel, y como entre las escasas distracciones que tenían los adolescentes de aquella época destacaba la de ir a tomar helados y refrescos a los cafés del malecón, Ramiro y Jimmy acabaron conociéndose y trabando amistad; se escribían cuando los Parker regresaban a California, y en las vacaciones siguientes volvían a verse.

A menudo los chicos conseguían lanchas prestadas para ir de pesca y asaban las presas que cobraban. Hacia los dieciocho años dieron por frecuentar los bares de los hoteles para turistas, donde bebieron las primeras copas y sacaron a bailar a las jovencitas asistentes a los salones anexos al bar, animados por alegres orquestas locales.

Al iniciarse la década de los sesenta, los padres del joven Ramiro lo enviaron a Los Angeles para perfeccionar su inglés y estudiar relaciones internacionales a la Universidad del Sur de California. Jimmy cursaba allí la carrera de arquitectura y pagó con creces la hospitalidad brindada por su amigo en Mazatlán. Ramiro quedó boquiabierto cuando le llevaron a la mansión con alberca que los Parker poseían cerca de Malibú. Luego se sintió el gran personaje al pasear en el Cadillac convertible que los padres regalaron a Jimmy cuando cumplió veinte años. Jimmy introdujo a Ramiro en los restaurantes de Wilshire Boulevard y, sobre todo, lo presentó a sus amigos y amigas estudiantes, lo cual libró a Ramiro de quedar aislado entre grupos estudiantiles a quienes se conocía como "los intocables", aludiendo a los de la India y los que integraban los iraníes, los iraquíes y los latinoamericanos desubicados.

En aquellos días Jimmy usaba traje y corbata, y sus ropas —a la última moda— siempre aparecían impecablemente limpias: de la mañana a la noche daba la impresión de estar recién bañado. Pero al entrar Estados Unidos a la guerra de Vietnam, se preguntó cómo era posible que Hanoi pudiese representar un peligro para Estados Unidos. "Es como si los rusos dijeran que Luxemburgo podría amenazar la integridad de la URSS", se decían Jimmy y una multitud de jóvenes que acabaron convirtiéndose en hippies.

Jimmy estuvo entre los conscriptos que quemaron órdenes de reclutamiento y hasta fue a vivir en una comuna. Ramiro sólo se dejaba crecer el cabello para pasar inadvertido en los conciertos de rock, pero dio sus primeros pasos en el narcotráfico cuando Jimmy lo introdujo en su comuna.

Los comuneros, quienes fumaban prodigiosas cantidades de marihuana y se quejaban del aumento de precios, pidieron a Gastélum que los pusiera en contacto con algún proveedor de Sinaloa que les pudiese surtir a precio razonable. En un viaje a Mazatlán, Gastélum localizó un traficante que se comprometió a entregar la yerba directamente en la comuna a buen precio y pagando al joven Ramiro una comisión. Después, otras comunas solicitaron el mismo servicio, y Ramiro advirtió que

60

podía ganar mucho dinero poniendo en contacto a los productores con los consumidores. Así fue como acabó incorporándose al narco-tráfico, aunque sin jamás rebasar la calidad de discreto intermediario.

Al cabo de los años y ya establecido permanentemente en Culiacán, los narcotraficantes y no pocos judiciales ligados al negocio empezaron a valorar el buen juicio de Gastélum y a menudo solicita-ban su intervención para negociar algunas operaciones y hasta para establecer treguas o evitar guerras, de suerte que acabaron viéndolo con especial respeto y llegaron a llamarle "patrón". Para entonces Gastélum ya no necesitaba acrecentar su fortuna. Nada le hubiera gus-tado más que desligarse del esquema en que cayó pero, sabedor de lo difícil que es abandonar el narcotráfico y conservar la vida, se resignó a dejarse llevar hacia donde lo condujera la corriente.

Jimmy, después de haber dejado la heroína tras sobrevivir al martirio de la desintoxicación, encauzó su vida y la cuantiosa fortuna heredada de sus padres en socorrer a las asociaciones civiles dedica-das a la atención de drogadictos, y él mismo se consagraba de tiempo completo a esta labor. Pasaron años sin que ambos amigos, absortos cada cual en su particular actividad, volvieran a reunirse, hasta que un día Jimmy telefoneó.

—Estoy en el aeropuerto de Los Angeles a punto de tomar el avión a Mazatlán. Llegaré allá dentro de tres o cuatro horas. Estoy atendien-do un asunto muy delicado. Es urgentísimo que nos veamos... Sí... es urgentísimo... cuento con que me harás el gran favor de estar a reci-birme en el aeropuerto... Hasta luego.

Gastélum dejó lo que estaba haciendo para trasladarse sin pér-dida de tiempo al aeropuerto mazatleco. Poco después, desde la sala de espera vio la llegada del jet de Los Angeles. Jimmy fue de los pri-meros en bajar.

—Tengo rentado un auto para que vayamos en él y podamos ha-blar sin testigos —dijo Jimmy cuando salió de la aduana.

Ya no parecía Jimmy ni jovencito rico, ni hippie, sino que era un individuo regordete que vestía pantalón de kaki y camisa de mez-clilla y representaba cerca de cuarenta años, su edad auténtica. Tomó

61

posesión del auto alquilado y lo enfiló con Ramiro hacia el malecón. Jerónimo los seguía en un Mercedes.

—¿Te acuerdas de Betsy, allá en la comuna? —dijo Jimmy.

—Claro que sí —repuso Gastélum.

Betsy era una jovencita hippie sublevada contra la teoría de que las mujeres envidian el pene del hombre y quisieran tener uno; ella proclamaba estar orgullosa de sus genitales femeninos, y para demostrarlo, solía dar exhibiciones de vagina sentándose desnuda y con las piernas bien abiertas en el piso del galerón donde se alojaban los comuneros. Durante un tiempo los muchachos se acostaban frente a ella, boca abajo, para hacerle lo equivalente a un examen ginecológico, pero como la novedad no tardó en perder atractivo dejaron al cabo de prestarle atención.

—Vine porque me avisaron que Betsy había sido detenida por la Judicial de Mazatlán bajo el cargo de trasportar drogas. Me horroriza pensar que le hayan plantado la mercancía y la vayan a torturar y encarcelar, como tú bien sabes que ocurre a menudo.

—Puede ser —acotó Gastélum, aunque tenía noticia de que cientos de estadunidenses estaban en las cárceles de México por ser traficantes y no por las malas artes de la policía.

—Sé que te has convertido en un hombre de influencia y espero que no me negarás el favor de gestionar la libertad de Betsy...

Gastélum quedó pensativo unos instantes. —Párate pues en la recta que viene —dijo.

Gastélum hizo señales a Jerónimo de que también se detuviera. Bajó del auto alquilado y marchó hacia el Mercedes, donde utilizando el teléfono móvil hizo llamadas hasta haber averiguado que Betsy estaba en poder del comandante Ramírez.

Luego, marcharon rumbo al deteriorado edificio donde Ramírez tenía sus oficinas. El comandante ya los esperaba, y de inmediato les hizo pasar a su despacho.

—No se preocupe ya por la detenida, don Ramiro. No la vamos a consignar, y hoy mismo quedará en libertad —dijo Ramírez.

El agente miraba de reojo a Jimmy, preguntándose quién sería el gringo ese y por qué lo trataba Gastélum con tanta deferencia.

—Buenas noticias... Pero dime: ¿qué es lo que traía la señora?

—Nada, don Ramiro... Nada —contestó Ramírez simulando sorpresa por aquella pregunta y evitando mirar al extraño que acompañaba a Gastélum—. Todo fue producto de una equivocación.

—Este señor es amigo mío y amigo de la familia de la detenida. Queremos saber toda la verdad para informar a los parientes a fin de que sepan de qué tamaño es el problema que tienen entre manos.

—¿Toda la verdad?

—Todita.

—Hagan favor de acompañarme, pues —dijo Ramírez, al tiempo que abría una puerta y pasaba a una pequeña oficina contigua.

Adentro había una mesa de madera sobre cuya cubierta aparecía una bolsa de plástico con algo así como medio kilo de polvo de cocaína y dos docenas de pastillas de LSD.

—Esto es lo que traía la inocentita —dijo Ramírez.

Jimmy enmudeció por la sorpresa. Gastélum lo miró, sonriente, como dándole a entender que no debía de ser tan ingenuo.

—¿Y la señora?

—La tenemos en un separo. Perdón, pero no la podemos soltar en este momento. Parece que la familia de ella es muy poderosa, porque toda la mañana ha estado telefoneándonos el cónsul de Estados Unidos e insinuando que le pusimos a la señora esta una trampa para encarcelarla y sacarle dinero, y nos advierte que no debemos torturarla, etcétera, etcétera. Por la tarde vamos a hacerlo venir para que vea la droga que confiscamos, y después que la detenida reconozca que ella la traía, se la vamos a entregar al cónsul para restregarle en la cara lo estúpido que es y para que nos deba un favor.

Jimmy persistió en su silencio. Gastélum dijo:

—Favores son favores... ¿Cómo te puedo corresponder yo ahora?

—Usted, conservándome su amistad, don Ramiro. No me quiera estropear el gusto de servirle haciéndome un regalo.

Gastélum y Jimmy salieron a comer en una marisquería cercana. Sentados a la mesa en aquel lugar repleto de comensales, no podían hablar con libertad sobre Betsy. En cambio Jimmy contó que había decidido dedicarse de tiempo completo a promover la legalización del comercio de drogas, por tener la seguridad de que los horrendos dramas de sangre y desolación que se presentaban a diario en Estados Unidos desaparecerían en cuanto se adoptara esa medida.

–Tú siempre has sido muy novelero. ¿No habrás perdido ahora el juicio? —ironizó Gastélum.

–Nada de eso. Acuérdate de que la prohibición de vender alcohol también propició una fuerte descomposición social, corrompió a vendedores y compradores y fue causante de las grandes matanzas que se registraban para controlar el negocio. Al fin de cuentas ni siquiera se logró reducir el consumo de alcohol y hubo que derogarla. Entre 1920, año en que la venta de alcohol fue prohibida en todo Estados Unidos, y 1933, cuando la prohibición fue derogada, el número de homicidios creció de cuatro a diez por cada cien mil habitantes, y en cuanto se aprobó la legalización, el índice volvió a bajar, de modo que en 1960 ya era nuevamente de cinco por cien mil. Pero en los años setenta, cuando se decretó la Guerra contra las Drogas, el índice subió otra vez y hoy se registran diez homicidios por cada cien mil habitantes.

–¿De dónde sacaste eso? ¿Y cómo sabes que la cifra volverá a bajar si se legaliza el narcotráfico?

–Los datos que te di son los oficiales, y creo que el índice volverá a bajar porque la mecánica social es la misma en ambos casos: las prohibiciones inflan los precios y hacen que se disparen las utilidades. Con esto se crea un atractivo irresistible para que muchos se lancen a buscar la tajada. Después vienen las balaceras por el control de territorios pero el número de traficantes sigue aumentando, y como a mayor número de vendedores mayor consumo, en un dos por tres se ingresa al círculo vicioso del que no se puede salir a menos de que se tomen medidas innovadoras.

Gastélum no parecía prestar atención a la charla, de modo que Jimmy cambió de tema y esa misma noche regresó a Los Angeles en compañía de Betsy, sin sospechar siquiera que la fortuna y la influencia del amigo Ramiro provenían en gran medida del narcotráfico.

LOS CRUZADOS DE LA LEGALIZACIÓN

Pasó largo tiempo antes de que los amigos volvieran a tratar el tema de la droga a pesar de que después se reunieron media docena de veces, cuando Jimmy regresaba a Mazatlán de vacaciones o cuando Gastélum viajaba a Los Angeles de paseo o de negocios. Luego, un día avisó Jimmy que iba a pasar una semana en Mazatlán e invitó a Gastélum a reunírsele. Aclaró que iba a estar muy ocupado y para evitar molestias ya tenía reservada habitación en un hotel; por supuesto, se le ordenó alojarse en la casona de Mazatlán que Gastélum había heredado de los padres y mantenía con la servidumbre íntegra para ser atendido en sus viajes al puerto.

Gastélum llegó a Mazatlán un día después que Jimmy; lo encontró en la sala de la casona, conversando con un pelirrojo barbudo y de estatura inferior al 1.60. Gastélum creyó reconocer al extraño y después de hacer un rastreo en su memoria recordó haberlo conocido en la comuna, aunque no había intimado con él, pues Jake —así se llamaba— solía confinarse en los grupúsculos de hippies intelectualoides.

—¿Te acuerdas de Jake Goldberg, Ramiro? —preguntó Jimmy.

—Claro que sí. Bienvenido a Mazatlán, Jake.

—Tengo reservación en un hotel y me iré allá por la noche; no pienses que estoy haciéndola de arrimado —dijo Jake.

—¡Qué hotel ni qué nada! —repuso Gastélum. Aquí hay espacio para acomodar a la vieja comuna y tres más. Por cierto que sería divertido fundar ahora comunas de vejestorios excomuneros, ¿no les parece?

—Old-goat communes —dijo Jake, y los demás rieron con él, aunque después de mirar los estragos que el tiempo había hecho en sus personas cambiaron de tema.

—Bueno, yo vine aquí con la idea de que íbamos a pescar. ¿Nos vamos ya? —dijo Gastélum.

—Acaban de dar las once. No creo que la pesca sea buena a estas horas. Podríamos ir mañana a la salida del sol —dijo Jimmy.

—Vamos hoy y también iremos mañana, que nos hará bien gozar de las distracciones que todavía estén a nuestro alcance —repuso Gastélum, y Jake comentó:

—Bueno, si no se ponen a contar chistes sobre el viagra, yo los acompaño.

Los tres marcharon hacia el muelle, donde ya los esperaba una lancha que, a tono con los gustos de Gastélum, era de medianas proporciones, muy limpia y dotada de todos los instrumentos de seguridad, pero no ostentosa como tantas otras que navegan por el litoral mazatleco.

Gastélum revisó las alacenas para cerciorarse de que los mozos hubieran surtido la despensa con ceviche, camarones gigantes cocidos, limones, tomates, cebollas y cervezas heladas. Jimmy puso en marcha el motor y se hizo cargo del timón. Para nada necesitaban a los mozos, por lo que los despacharon de vuelta a casa.

La lancha enfiló hacia el oeste, mientras Jake preparaba las cañas de pescar con los anzuelos. De pronto Gastélum recordó haber leído que, ya convertidos en abstemios, algunos exmiembros de la comuna propalaban en Estados Unidos la tesis de que la CIA, la DEA, los aduaneros y hasta la U.S. Navy se habían convertido en promotores, traficantes y protectores del narcotráfico, por lo que exigían legalizar la actividad. Eso o algo por el estilo. Gastélum se preguntó qué tipo de motivaciones impulsarían a Jake. Las del otro amigo ya las conocía: el buen samaritano de Jimmy se había enamorado de Betsy, y hasta había querido casarse con ella, pero la mujer lo rechazó, experimentó una aguda crisis de abstinencia en una ocasión en que le fue imposible allegarse droga, y luego de conseguirla y "arponearse" una fortísima cantidad de heroína, había muerto de sobredosis. Sin duda, los esfuerzos de Jimmy estaban encaminados a ensalzar la memoria de la mujer.

Por lo pronto, la pesca acaparó la atención de los tres. Gastélum cobró un par de dorados, Jimmy otro y Jake tuvo a su cargo la tarea de destripar los peces y alistarlos para ser cocinados. Los tres hombres devoraron el ceviche y los camarones, bebieron cerveza, y como a las cinco de la tarde enfilaron de vuelta a Mazatlán, con Gastélum al timón.

–Explíquenme pues cómo está eso de la campaña que hacen a favor de legalizar el narcotráfico —dijo Gastélum.

–En realidad, sólo formamos parte de una red de Internet en la que difundimos nuestras ideas, que difieren entre sí, aunque confluyen en el mismo objetivo —dijo Jimmy—. Los medios tradicionales, televisión, radio y periódicos, nos han presentado como una partida de locos y se niegan a discutir seriamente nuestras propuestas o las distorsionan para desacreditarnos. Pero ya tenemos en Internet más de un centenar de sitios que difunden nuestras tesis las veinticuatro horas del día; y como hay diferencias en los enfoques y a veces nos hacemos mala obra unos con otros, hemos decidido ponernos de acuerdo para no desdibujar nuestra propuesta principal ni dar argumentos a los mass media para seguir difamándonos.

–Básicamente, yo sostengo que el consumo de drogas es una cuestión de índole personal —intervino Jake—. Si afecta al individuo, el gobierno no debe entrometerse. El hombre tiene derecho hasta de morirse por cultivar su adicción; los individuos están mejor capacitados que la burocracia oficial para decidir si consumen drogas o no. La corriente de opinión moderada, como la que sigue Jimmy, considera que el gobierno debe controlar la venta prohibiendo que se surta a menores, como se hace con el alcohol, y debe educar a la población presentando los malos efectos que pueden acarrear las drogas para que la drogadicción no se propague más; pero no tiene derecho de encarcelar a los consumidores, ya que millones de ellos cultivan su adicción en la intimidad de sus hogares, llevan vidas productivas y a nadie molestan, mientras que en la cárcel se les ficha y se les arruina la existencia. La cuestión debe ser encarada como un problema de salud pública: debe considerarse a los drogadictos como enfermos y hasta proporcionarles droga en los casos irremediables, cuando no sea posible la rehabilitación. ¿Estoy en lo correcto, Jimmy?

—Sí —dijo éste—. Lo único que ha conseguido la guerra contra las drogas es crear un mercado negro que produce utilidades inconcebibles. Por interés de captar ese dinero siempre habrá ejércitos de individuos dispuestos a cualquier cosa por adueñarse de una tajada del pastel. Esencialmente, de eso proviene el fantástico incremento que ha tenido la delincuencia en Estados Unidos. Si se legalizara el consumo, los comerciantes legítimos podrían ofrecer la droga tal vez a una décima parte del valor que rige en el mercado negro, con lo que se desvanecerían las astronómicas utilidades y desaparecería el mercado negro. Los impuestos que se aplicaran a la producción y comercialización legal de drogas podrían emplearse en el tratamiento y la rehabilitación de enfermos, que eso son en realidad los drogadictos: los alcohólicos también causan problemas terribles pero no por eso se les va a perseguir y encarcelar.

—Pues no será fácil que los que ahora ganan dinerales se resignen a permitir que la legalización les arruine el negocio —señaló Gastélum—. Y yo ni siquiera me atrevo a pensar en el poder que han acumulado. ¿Por qué la DEA ha denunciado a varias docenas de traficantes mexicanos y los ha hecho encarcelar, al tiempo que jamás da ni siquiera los nombres de los pollos gordos que hacen lo principal del negocio en Estados Unidos? ¿Y por qué el gobierno de Estados Unidos gasta enormes sumas en investigar cómo lavaron dos tristes millones de dólares en un pueblo de Jalisco unos empleaditos bancarios, mientras que no vigila a los bancos y las casas de bolsa de Estados Unidos donde se lavan miles y miles de millones de dólares cada mes? Más aún: ¿Por qué la televisión y los periódicos se niegan a discutir las ideas que ustedes propalan? A mí se me hace que todos ellos de algún modo obtienen beneficios y por eso se hacen los desentendidos, no sólo porque sean una partida de hipócritas y cínicos hijos de la gran puta...

—Estados Unidos se ha corrompido de la cabeza a los pies en la guerra contra las drogas —intervino Jimmy—. Las sumas astronómicas que invierten el gobierno federal y los estatales dizque en combatir el narcotráfico han creado miles y miles de plazas de trabajo, que peligrarían si se decidiera implantar la legalización, y por supuesto los burócratas amenazados con el desempleo harán todo lo que esté a su alcance para sabotearla. Y por supuesto, si en el ínterin surgen oportunidades de hacer negocitos ilegales, pues no hay duda de que también los harán.

—Según cifras oficiales, sólo el presupuesto del gobierno federal para la guerra contra las drogas pasó de 1,600 millones de dólares en 1981 a 20,000 millones en el último año —precisó Jake—. Si el problema se pudiera resolver metiéndole más fondos y más policías, desde cuándo estaría resuelto, pero el dinero no ha hecho más que agravar la situación.

—Lo peor son las utilidades que obtienen los amos del narcotráfico, calculadas en cientos de miles de millones de dólares al año —prosiguió Jimmy—. Con ese dinero se puede comprar el control de varios de los principales bancos y de paso quién sabe cuántas estaciones de radio y televisión, o grandes editoriales de periódicos y revistas, para que no se informe al público sobre lo que está pasando. Y si esas compras se han hecho discretamente en los últimos veinte años, y si las utilidades que dejan las empresas se reinvierten en comprar más empresas, podría suponerse que los amos del narcotráfico son ya los dueños de Estados Unidos. De muchos senadores, diputados y altos funcionarios del gobierno, ni qué hablar: a esos se les compra con una bicoca.

—¡Qué barbaridad! ¿Pero cómo es posible que nadie haya denunciado estas cosas? —intervino Gastélum.

Jake volvió a tomar la palabra:

—Sí ha habido esas denuncias, pero aparecen en periodiquitos sin prestigio y casi nadie se entera de ellas. También ha habido casos como el del famoso premio Nobel de economía Milton Friedman, quien ha publicado hasta en el *Wall Street Journal* su opinión de que es imposible que el gobierno gane la guerra contra las drogas y que por

69

lo tanto el narcotráfico debe legalizarse. Pero Friedman es uno entre cientos que opinan lo contrario y sus palabras se pierden entre la ensordecedora gritería de los críticos. Y también está el caso de la que fuera secretaria de Salubridad, Joycelyn Elders, a quien Clinton obligó a renunciar sólo por haber planteado la necesidad de evaluar la conveniencia y los inconvenientes de legalizar la venta de drogas. De vez en cuando han surgido periodistas que escriben y logran publicar reportajes sobre la corrupción que provoca el narcotráfico, y como resultado pierden el empleo o se les relega a puestos de ínfima categoría. Yo, desde mi sitio de Internet he denunciado cientos de casos de agentes de la DEA, para no hablar de policías municipales, sheriffs y jueces pueblerinos que están a sueldo de los narcotraficantes. He informado que la CIA compraba opio en Vietnam y lo enviaba a Estados Unidos en aviones y barcos del ejército para venderlo y usar el dinero en la compra de armas, que luego se vendían a los mismos traficantes o a grupos anticomunistas, como los "contras" de Nicaragua. Vaya, difundí testimonios de cómo los agentes de la CIA llegaban a rellenar con bolsas de opio los cadáveres de los soldados muertos en Vietnam que eran transportados a Estados Unidos para inhumarlos. También he señalado que las plataformas de perforación que tenía la Zapata Corporation en la sonda de Campeche fueron utilizadas como trampolín para pasar la droga de Colombia a México y luego a Estados Unidos y que el dueño de la Zapata Corporation era George Bush. Pero nadie quiere darse por enterado.

—Es que en la guerra de las drogas todo es negocio: hasta las cárceles —terció Jimmy—. Entre 1966 y 1997, otra vez según las cifras oficiales, el número de reclusos en las prisiones federales y estatales pasó de doscientos mil a dos millones, la mayoría acusados de delitos derivados del narcotráfico. Los penales del gobierno resultaron insuficientes para alojar tanta gente y la tarea de construir y operar nuevas cárceles fue concesionada a empresarios privados, que cobran muy buen dinero por alojar, alimentar y vigilar a los presos. Ahora los dueños de las cárceles hasta consiguen contratos para realizar trabajos de maquila sencillos, como ensobretar cartas y folletos publicitarios; los presos realizan el trabajo y como remuneración reciben una pequeña parte de lo que cobra el empresario. El paso siguiente sería restablecer la esclavitud.

—La mayor parte de los presos deberían estar en libertad —prosiguió Jimmy—. Hay algunos a quienes les han echado dos años de cárcel sólo porque los encontraron en posesión de un kilo de marihuana o diez gramos de cocaína. Cuando estos infelices recobran la libertad ya están fichados y les resulta muy difícil encontrar trabajo. Entonces se vuelven asaltantes para alimentarse o para comprar más droga, y si de nuevo caen en manos de la policía, lo más seguro es que la condena suba a cinco o diez años. Por supuesto, nueve de cada diez presos son negros y latinoamericanos, aunque las autoridades dicen que esto no es por racismo, sino porque los blancos son más difíciles de atrapar.

—Un colega de nuestra red de Internet que parece ser economista calculó que el 20% del producto interno bruto de Estados Unidos proviene ahora del narcotráfico y la guerra contra las drogas, y que el 15% de la fuerza de trabajo nacional obtiene su sustento de esta actividad: son los cientos de miles de distribuidores grandes, medianos y pequeños; el ejército de burócratas encargados de combatir el narcotráfico y hasta los redactores de mensajes publicitarios contra la drogadicción, sin hablar de los altos funcionarios y los lavadores de dinero —dijo Jake—. Contra todos esos intereses hay que luchar.

La plática quedó interrumpida cuando llegaron al muelle y fue necesario atracar. Amarraron el bote, quitaron los aparejos de pesca y se los llevaron a casa, junto con los pescados, que Gastélum entregó al cocinero con instrucciones de prepararlos en postas y a la parrilla. Luego los tres hombres se retiraron a sus habitaciones para darse una ducha y descansar mientras llegaba la hora de la cena.

LOS PODERES OCULTOS

Gastélum había redecorado la casona de Mazatlán y arrumbado los muebles españoles que usaron sus padres. El comedor donde se reunió con los dos amigos era de estilo californiano. Para la cena mandó abrir sus mejores botellas de vino francés, las cuales no había tocado desde que enviudó. Hubiera querido tener una charla frívola, pero apenas empezaba a cortar la posta que le sirvieron cuando se sintió impulsado a decir:

–Y díganme: ustedes, que tanto saben, ¿quiénes son los amos y principales beneficiarios del narcotráfico en Estados Unidos?

–That's the 64-billion dollar question! —repuso Jimmy.

–Si buscamos a un individuo que domine todo o la mayor parte del mercado, como hizo Al Capone durante la prohibición del alcohol, no creo que lo haya —intervino Jake—. El negocio es demasiado grande para que lo pueda acaparar o dominar uno solo o un sólo grupo. Se me figura que los principales mandones son los grandes distribuidores, los financieros y los políticos que saben cómo regar dinero para que no se apruebe ninguna ley como la legalización de las drogas, que afectaría el negocio en lo más esencial. Puede ser que estos poderosos estén también tras el lavado de cerebro que los medios de comunicación han administrado a las masas gringas haciéndoles creer que sus adicciones son obra exclusiva de los malvados extranjeros que producen drogas y las exportan a Estados Unidos. Estos personajes deben ser tan poderosos que tal vez nunca se les llegará a identificar.

Jimmy continuó: –Yo me represento el sistema como una ce-

73

bolla, con la capa de afuera compuesta por los pequeños trasportistas y los vendedores callejeros, a quienes se usa como carne de cañón y se deja a merced de los policías; en la capa siguiente están los medianos distribuidores, que tienen comprados a jueces y policías municipales y trabajan con bastante tranquilidad pero, cuando conviene a los de arriba, son sacrificados como cualquier vendedorcillo callejero; en seguida estarían los distribuidores regionales, más poderosos pero vulnerables aun en caso de necesidad política; y en el núcleo sólo tienen cabida los intocables, los grandes financieros y los importadores mayoristas, los que distribuyen dinero para hacer nombrar jueces o para elegir diputados, senadores, gobernadores y quizá hasta presidentes de la República, pues en Estados Unidos las elecciones se han convertido en algo que se gana o se pierde de acuerdo con lo que se gasta en las campañas.

–Y los traficantes latinoamericanos, ¿qué representan en ese esquema? —dijo Gastélum.

–Muy pero muy poco. El 90% del producto de la venta de drogas se queda en Estados Unidos, y sólo el 10% restante se reparte en Colombia, México y países menores. En la gran cebolla, a los latinoamericanos se les podría ubicar a nivel de los medianos distribuidores de Estados Unidos —apuntó Jake.

–Los latinoamericanos tienen fama de ineficientes porque desperdician mucho producto y obtienen muy bajos rendimientos —dijo Jimmy—. Según se dice, una docena de buenos ejecutivos gringos mejorarían la operación en un santiamén. De hecho, el feroz combate que se libra ahora contra los principales narcotraficantes mexicanos parece indicar que se quiere prescindir de ellos. Los grandes del narcotráfico son insaciables y quisieran arrasar los cárteles colombianos y mexicanos, que han operado independientemente, para sustituirlos por simples empleados de la gran organización establecida en Estados Unidos.

–Pues aquí ya les han hecho gran parte del trabajo. La mayoría de los principales narcotraficantes están bajo tierra o en la cárcel —señaló Gastélum.

–Sí, y todo a un costo de los cientos de millones de dólares que México gasta en la guerra contra las drogas y de no se sabe cuántas vidas de policías, soldados y civiles —dijo Jimmy—. ¿Cuántas escuelas y cuántos caminos se podrían abrir con ese dinero? Y, aun en el mejor de los casos, todos estos sacrificios servirían para resolver sólo un problema local de Estados Unidos. Como Estados Unidos se ha mostrado incapaz de hacer efectivas sus leyes contra el consumo de drogas, le ha enjaretado a México el problema. No sé cómo no se han dado cuenta ustedes de lo que pasa.

–Es que también aquí hay un gran negocio —dijo Gastélum.

–Aun viendo el asunto como negocio, deberían comprender que si legalizaran el comercio de drogas podrían seguir en Jauja. Cuando se legalizó la venta de alcohol, varios individuos que se habían enriquecido con el contrabando compraron destilerías y abrieron expendios legítimos de bebidas alcohólicas y les fue de maravilla. Un caso de estos es el del viejo Joe Kennedy, que amasó su primera fortuna como contrabandista de alcohol, y una vez riquísimo se arrellanó en la respetabilidad, al grado de que hasta lo enviaron a Inglaterra como embajador y logró llevar a su hijo John a la presidencia de Estados Unidos. Algo parecido podrían hacer aquí los narcotraficantes mexicanos: si legalizaran el comercio de drogas en México, el gobierno de Estados Unidos se vería obligado a hacer lo mismo y todos saldríamos beneficiados.

–¡Y dale con la legalización! —dijo Gastélum—. ¿Pero no te das cuenta de que el gobierno mexicano que se atreviera a implantarla perjudicaría a los grandes traficantes de Estados Unidos y sería derrocado de un día para otro?

–Bueno, ya veo que los mexicanos siguen convencidos de que Estados Unidos es invencible en todos los terrenos —comentó Jimmy.

–Tienen ustedes que perderle el miedo a los gringos y actuar en función de sus propios intereses —terció Jake—. Por lo menos, serviría de mucho si tú comenzaras a difundir la idea de la legalización entre los influyentes con quienes convives.

–Lo que ustedes quieren es que me maten —rio Gastélum.

75

—En fin, nuestras juntas se van a celebrar durante cuatro días en un auditorio del hotel a partir de pasado mañana, de las nueve horas hasta que nos rinda el cansancio. Estás invitado a asistir como oyente —dijo Jimmy.

Gastélum no resistió la tentación de meterse un par de veces a las juntas; en ellas participaron medio centenar de individuos estrafalarios que machacaron los datos sobre el perjuicio que causaba la guerra contra las drogas, y que Jimmy y Jake habían expuesto de manera sucinta. En la junta se difundió la noticia de que el mexicano invitado era un prominente hombre de negocios amigo de los gringos, pero a nadie se le ocurrió pensar que estuviese involucrado en el narcotráfico.

Una historia aterradora

Partieron los amigos y Gastélum ya pudo pensar en otra cosa más que en el narcotráfico. El fenómeno había surgido en años recientes y había invadido hasta el último resquicio de la sociedad sinaloense sin que casi nadie se diera cuenta y sopesara las implicaciones de lo que pasaba.

Durante su adolescencia en Mazatlán Gastélum oyó hablar de la marihuana, mas ni se le ocurrió probarla por su fama de ser una yerba que sólo fumaban los soldados y los malvivientes; supo que los chinos radicados en Sinaloa sembraban amapola en la sierra para obtener opio, al que llamaban "goma", pero a él nunca le tocó ver a nadie que la fumara o la vendiera.

Con la guerra de Corea llegaban a San Diego barcos y barcos repletos de excombatientes que habían adquirido el hábito de fumar opio o marihuana en los campos de batalla, y fue entonces cuando aparecieron en Sinaloa algunos gringos con gruesos fajos de dólares que compraban toda la marihuana o goma disponibles, y hasta financiaban las siembras para asegurarse el abastecimiento. Más tarde, con la guerra de Vietnam, Sinaloa se llenó de rancheros que portaban esclava y relojes de oro, manejaban flamantes pick-ups y bajo el asiento llevaban pistola de alto poder. Entre ellos Gastélum encontró a los abastecedores de la comuna.

Al principio los narcotraficantes operaban aisladamente y aparecían y desaparecían sin dejar huella. En los setenta se formaron pequeñas bandas, que mediante balaceras a la luz del día y en plena calle se disputaban territorios o se cobraban adeudos. Gastélum tuvo la curiosidad de recopilar recortes de la prensa local para formar una especie de registro de lo que ocurría, y sólo en el mes de enero de 1976 detectó los hechos siguientes:

▪ A pocos minutos de iniciado el primer día del año, la policía de Culiacán encontró a un lado de la carretera internacional el cadáver de un traficante de drogas en pequeño: Bernardino Santillán: tenía un balazo en la nuca. Más o menos a la misma hora, en el vecino pueblo de Guasave acribillaban por la espalda al taxista Roberto Sánchez Meza, cuyos asesinos ni siquiera se molestaron en quitarle los cuatro mil pesos que contenía su cartera, o los dos kilos de marihuana que llevaba en la cajuela del vehículo. A las tres de la tarde del mismo día, el traficante Abelardo Salomón dormía la "mona" para reponerse de la parranda de la noche anterior. De pronto lo despertó un grupo de parranderos que andaban dando serenata. Para que no molestaran, Salomón los roció de balas y mató al músico Óscar Serrano Salazar.

▪ El día siguiente a temprana hora, el chofer José Carrillo Ruiz manejaba tranquilamente su autobús repleto de pasajeros. De pronto subieron al vehículo unos desconocidos que, ante el estupor del pasaje, dieron a Carrillo Ruiz dos balazos y 46 puñaladas. En Culiacán rara vez se capturaba a los delincuentes, pero el mismo día 2 fue detenido José Luis Beltrán Barraza, quien reconoció haber asesinado por la espalda a Andrés Bojórquez Vega y como exculpante alegó que su víctima merecía la muerte, pues se venía negando a pagarle quince mil pesos que le adeudaba, producto de la venta de cincuenta kilos de marihuana de primera.

▪ Día 3. El narcotraficante Francisco Ochoa Avendaño, alias "Chicón", se encontraba parado frente a su domicilio cuando, desde un automóvil que pasó a toda velocidad, le pegaron tres tiros en la cabeza.

▪ Día 6. El taxista Jesús Elías Angulo Bojórquez fue asesinado con cuatro tiros en la espalda. El 8 fueron ametrallados y muertos los hermanos Daniel y Luis Domínguez Estrada, quienes viajaban en una motocicleta; el primero era traficante de drogas y el segundo no. El día 10 otro taxista, Ramón Salomón Rubio, recibió tres balazos en la nuca mientras manejaba su vehículo, el cual fue a estrellarse contra la pared de una tortería.

■ Día 11. El traficante Amador Beltrán mata con ráfagas de ametralladora a su rival René Niebla Medina, en su casa de la colonia Tierra Blanca, célebre por ser madriguera de maleantes. Varias personas resultaron heridas.

■ Día 17. El policía municipal Felipe Pacheco Zamudio mató a balazos al traficante Enrique Ureta Hernández, pero no se trataba de una acción en cumplimiento del deber, sino que se produjo porque Ureta Hernández se negó a vender al policía un cigarro de marihuana mientras no liquidara una deuda contraída en anterior ocasión.

■ Día 20. Por la noche, una treintena de individuos asaltaron la casa del traficante Jorge Gaxiola Castañeda en Villa López Mateos. Ametrallaron la casa, y como el hombre se negara a salir, prendieron fuego al edificio. Además de Gaxiola Castañeda, murió carbonizado un niño de nueve años, Rafael Aguilar Villa.

■ Día 21. Una banda armada con metralletas R-15 y 45 dispara sobre una camioneta bancaria y da muerte con más de veinte impactos por cabeza al chofer Gerardo Chan Zavala y al policía Antonio Salas Cabanillas. Botín: más de medio millón de pesos.

■ Día 22. Dos individuos intentan secuestrar un autobús urbano en la colonia Tierra Blanca. Como los pasajeros se niegan a abandonar el vehículo, los asaltantes lanzan sobre la unidad cinco bombas molotov. Siete personas resultan con quemaduras de cuidado. Los que llevaron a cabo el asalto no son traficantes, sino estudiantes contagiados por la ola de violencia que padece Culiacán.

■ Día 23. Seis individuos fuertemente armados secuestran en su domicilio al agente judicial federal Raúl Calderón Niebla. (Hallaron el cadáver al día siguiente, con más de cien impactos en el cuerpo.) El mismo día 23 el traficante Ramón Loaiza Pérez fue ultimado con un balazo en la cabeza frente a su domicilio en la colonia Tierra Blanca.

■ Día 24. Otra vez la colonia Tierra Blanca: desde un vehículo en movimiento ametrallan y asesinan a Juan Aispuro Escobar.

■ Día 26. Miguel Vega Tostado es sacado de una fiesta, en la colonia 5 de Mayo, y lo acribillan a balazos. Simultáneamente, a la salida de un baile, en el ejido 26 de Enero tenía lugar una balacera entre narcotraficantes. Saldo: cuatro muertos.

■ Día 27. Armados con ametralladoras, cuatro individuos secuestran en el centro de Culiacán al traficante Eleuterio Díaz Beltrán. (Un par de días después, el cadáver respectivo apareció semienterrado a orillas del río Humaya, con 19 perforaciones de bala.) La tarde del mismo día 27, dos bandas de traficantes sostienen una batalla a tiros exactamente frente a la puerta principal de la comandancia militar. O no hubo muertos ni heridos, o los traficantes se los llevaron antes de que intervinieran las autoridades.

■ Día 28. A orillas de la carretera internacional aparecen los cadáveres de David Manuel Otáñez Lafarga y Lamberto Quintero Pérez.

■ Día 29. Asesinan en una emboscada a Ricardo Peregrina Soto y Ricardo Rivera Álvarez en la colonia El Zalate, y en el rancho El Guayabo es acribillado por la espalda Jaime Ochoa, primogénito del famoso "Chicón", victimado el 3 de enero.

■ Día 30. Dos gavillas de narcotraficantes sostienen una tupida balacera en pleno centro de Culiacán. Al parecer trataban de secuestrar a un maleante llamado Gabriel. Los dos grupos se parapetan tras los automóviles estacionados en ambos lados de una avenida principal. Los vecinos contemplan aterrorizados cómo vuelan en pedazos los cristales de sus casas y los autos. Los peatones se arrojan al suelo y aunque Guillermo Gastélum Salazar y su hijo Carlos Apolinar, de 16 años, emprenden carrera, son detenidos a balazos que reciben en las piernas. La policía no acude a pesar de los insistentes llamados de auxilio de los vecinos. Un cuarto de hora después el grupo de atacantes se desplaza a la calle Aquiles Serdán, y la balacera se reanuda. La niña Ramona Angélica Cabanillas, quien se dirigía a la escuela, recibe una bala 45 en un costado y el peatón Héctor Caro Quintero muere instantáneamente de dos proyectiles de metralleta en la cabeza. Finalmente se escuchan en la lejanía las sirenas policiacas y ambas bandas se retiran sin dejar de balacearse. Nadie fue detenido por los sucesos, y se ignora cuántos muertos o heridos hubo entre los maleantes.

En resumen, enero fue un mes común y corriente en Culiacán. Febrero fue también un mes común y corriente, igual que el resto del año. La recolección de recortes periodísticos llegó a ser tan fastidiosa que Gastélum dejó de hacerla. Los hechos criminales caían en el olvido a las pocas semanas: la sociedad acabó por acostumbrarse a ver como normales las peores atrocidades.

En cambio el gobierno de Washington forzó al de México a poner en marcha la Operación Cóndor supuestamente destinada a arrasar los cultivos de marihuana y opio. Desde aviones y helicópteros, los campos fueron rociados con defoliadores y venenos que dejaron la tierra inservible por varios años. Los militares y los policías encargados de ejecutar la Operación cayeron sobre muchos villorrios donde aprehendían ilegalmente y torturaban a la mayoría de los habitantes —incluso a niños— que acababan por delatar a sus provedores o compradores de droga.

Como principal efecto de la Operación Cóndor se estimuló la producción de marihuana en otras regiones de México —y sobre todo en Estados Unidos. En pocos años los cultivadores situados al norte de la frontera pudieron satisfacer la mitad de su demanda local; poco después, las dos terceras partes, y al cabo de los años les sobró producto para exportarlo a Canadá, por lo que se decía que el gobierno de Washington sólo había estado protegiendo a sus productores nacionales.

En cambio, el campo norteamericano era impropio para producir coca, y la sed irreprimible de los cocainómanos del país más rico del mundo creó un comercio de proporciones jamás registradas en la historia. En Colombia surgieron traficantes que viajaban a las cumbres andinas de Perú y Bolivia para comprar a los indígenas la producción de coca, que luego llevaban en hojas o en pasta a los laboratorios donde la convertían en toneladas de cocaína purísima.

"Nosotros les vendemos porque ellos compran", argumentaban los traficantes, cuyo negocio prosperaba día tras día, pero el gobierno de Washington siguió insistiendo en que el problema de la drogadicción era culpa de los latinoamericanos. Estados Unidos se limitaba a tomar "medidas preventivas" como dar conferencias en las escuelas sobre los peligros de la drogadicción: prédicas intimidantes que empiezan por aburrir y acaban por incitar al consumo en vez de disuadir. Y cuando se le demostraba que la guerra contra las drogas estaba teniendo efectos contrarios al buscado, Washington reaccionaba con sospechosa sordera.

UNA HISTORIA ATERRADORA (2)

Los pequeños traficantes conocidos como "bachicheros" pusieron los cimientos del fabuloso negocio. La gran organización surgió sólo a fines de 1970, con la llegada a Tijuana de un acicalado cubano de 30 años que se paseaba en un Rolls Royce y estableció su domicilio en la Casa Redonda, una residencia situada en lo alto de una loma desde la que se podía vigilar el camino de acceso y el cercano campo de golf.

Rodeada de alta barda y con fuerte portón de madera muy bien lustrado, en la casa había un campo de tiro al blanco con silenciadores especiales para evitar que se oyeran las frecuentes descargas y gimnasio, frontón y sauna. Las grandes salas aparecían decoradas con sedas y alfombras persas, igual que las alcobas: la del propietario tenía además una cama circular y espejos en el techo. Una discoteca con cinco recámaras adyacentes servía para realizar frecuentes bacanales. Además de circuitos cerrados de televisión que registraban todos los rincones, se utilizaba un telescopio para vigilar automóviles que se acercaran a la casa. En un edificio contiguo se alojaban los contadores y una legión de pistoleros con armas de alto poder. Por si fuera poco, jaurías de gran daneses y rottweilers cuidaban la propiedad.

Un par de años antes, Sicilia Falcón había hecho otro viaje a Tijuana, sólo que entonces vestía pantalones Levis, camiseta común y tenis. Algunos recordaban haberlo visto deambular por la avenida Revolución o por el hipódromo, vendiendo cortas cantidades de marihuana y buscando chichifos, esa estirpe de jóvenes dispuestos a prestar servicio a los homosexuales. Con el tiempo se sabría que nació en

1945 en Matanzas, Cuba, y que en 1960 emigró a Miami como refugia-
do político en compañía de padre y madre. Según parece, pasó algún
tiempo en un seminario, y en 1963 se dio de alta como soldado de infantería. En ese interludio cayó en la cárcel durante quince días por
provocar un escándalo público, y treinta días más por oponer resistencia a la autoridad. En 1966 estuvo preso nuevamente y le dieron cinco
años de libertad condicional para que lo atendiese un psiquiatra, pues
lo habían descubierto practicando actos de sodomía.

Dos años después de su primera visita, el mismo personaje re-
apareció en Tijuana trazando lineamientos a las autoridades mexicanas,
paseándose en Rolls Royce y comprando la Casa Redonda. Todavía no
se ha precisado qué hizo Sicilia Falcón para progresar tanto en dos
años. Sólo se ha averiguado que volvió a Miami y allí anduvo en tratos
con los grupos de exiliados que manipulaba la CIA y que varias veces
intentaron asesinar a Fidel Castro; se sabe además que cuando el prominente mafioso Sam Giancana se ocultó en Cuernavaca, Sicilia Falcón
habló con él varias veces por teléfono. De lo anterior se infiere que
Giancana, la CIA o ambos habían comprado ya a las autoridades mexicanas para que facilitaran a Sicilia Falcón la tarea de convertirlo en
el primer narcotraficante en gran escala que operaba en México. También en el norte de la frontera habían sobornado a las autoridades porque Sicilia Falcón siempre estuvo al tanto de lo que planeaban contra
él la DEA y los aduaneros, según se descubrió cuando cayeron en manos de la DEA diversos documentos comprometedores.

Sicilia Falcón exportó a Estados Unidos miles de toneladas de
marihuana sin sufrir contratiempo alguno. Primero adquiría la yerba
en Sinaloa, y cuando el gobierno mexicano emprendió una gigantesca
operación para destruir allí los cultivos de marihuana, Sicilia Falcón se
abasteció en Guerrero, donde los guerrilleros de la comarca le surtían
el producto en cualquier cantidad: de ahí surgiría la sospecha de que,
por alguna oscura y siniestra razón, los amos ocultos del cubano acabaron con la marihuana sinaloense sólo para favorecer a los guerrilleros y sus protectores.

Para el transporte, Sicilia Falcón utilizaba enormes camionestanque petroleros que cruzaban la frontera hacia el norte sin que el personal de aduanas pareciera advertirlo. Pero en 1973 uno de sus antiguos secuaces y un super asesino estadunidense a quien el cubano empleaba como jefe de vigilancia cayeron en manos de la DEA —o un poder oculto se los entregó a la DEA— y poco después, mientras la presa se escabullía, confiscaron la Casa Redonda y una gigantesca bodega que Sicilia Falcón poseía en Mexicali.

Al cabo, unos agentes de la DEA localizaron a Sicilia Falcón en una residencia ubicada en la calle Nieve 180 del Pedregal de San Ángel y consiguieron que lo arrestara la Judicial Federal. Para entonces ya había dejado de traficar con marihuana y se estaba especializando en cocaína. Al detenerlo se le encontró, entre otras cosas, una credencial con marco dorado que la Secretaría de Gobernación entrega sólo a los funcionarios más altos de la dependencia, por lo que de inmediato se atribuyó la firma al secretario Mario Moya Palencia, quien así quedó descartado como presidenciable y aseguró el codiciado puesto a José López Portillo, según un agente de la DEA. Sicilia Falcón se declaró inocente, por supuesto, y dijo que su único deseo en la vida era casarse con su flamante novia, Irma Serrano, "La Tigresa". Al ser interrogada al respecto por los periodistas, la actriz declaró que hablaría sólo por órdenes directas del presidente Luis Echeverría. Luego añadió que, si ella hablara, México entero reventaría.

Sustituyó a Sicilia Falcón una generación de audaces, despiadados, tesoneros y con habilidad de organización comparable a la de los buenos empresarios y políticos. A Gastélum le tocó observar el encumbramiento del primero de todos, un joven alto y de buena presencia que se apellidaba Salcido Uzeta y todos llamaban "Manuelito" cuando trabajaba de mesero en un café mazatleco.

Siempre atento y servicial, Manuelito obtenía magníficas propinas por servir las mesas. Sus clientes dieron por encomendarle también diversos encargos, como el de conseguir marihuana. En el desempeño de estos menesteres se conectó con un mediano traficante, Braulio

Aguirre, quien acabaría reclutándolo para su banda. Un día advirtió Aguirre que el diligente muchacho le robaba clientes y por lo tanto mandó ponerle una emboscada y matarlo.

Manuelito recibió varios balazos y cayó al suelo; creyéndolo muerto, sus atacantes pretendieron darle el tiro de gracia apuntando sus armas no a la nuca sino a los testículos. Pero Manuelito no murió, y al restablecerse cobró pavorosa venganza contra Braulio Aguirre, sus asociados y sus pistoleros. Para comenzar, en 1974 Manuelito y cuatro de sus pistoleros secuestraron en Mazatlán a seis hombres que, después de sufrir espantosa tortura, fueron acribillados y sepultados en un terreno baldío.

Para entonces Manuelito ya había recibido el apodo con el que todo Sinaloa lo conocía: "El Cochiloco" (en ese estado llaman "cochis" a los cerdos castrados). Un día lo aprehendieron y encarcelaron, pero al cabo de pocos meses se fugó tras sobornar a los custodios y limpiar los archivos judiciales de todas las fotos y fichas dactiloscópicas que podrían servir para identificarlo.

Una vez en libertad ordenó la ejecución de tal vez un centenar de colegas, entre ellos de Braulio Aguirre, y con el camino libre de competidores parecía llamado a convertirse en el zar de la droga. Todo el mundo hablaba de él y narraba sus hazañas; él se paseaba tranquilamente por calles y plazas, pues traía a sus rivales atemorizados, a los policías comprados y al público en general fascinado por sus hazañas y su generosidad: se cuenta que cuando visitaba su pueblecillo natal de San Juan, solía llevar camiones cargados de borregos y cerveza para repartir entre los lugareños.

En Mazatlán se le señalaba como propietario de decenas de hoteles, restaurantes, cantinas, comercios y grandes extensiones de terrenos en lo mejor de la ciudad. Se trasportaba en un Grand Marquis escoltado por camionetas repletas de guardaespaldas.

En múltiples ocasiones fue visto en animada plática con gobernadores sinaloenses. Como se volvió demasiado notorio para que las autoridades pudieran seguir solapándolo, cuando le previnieron de que existían órdenes de aprehensión en su contra, decidió trasladar su residencia a Colima, donde se hizo llamar Pedro Orozco García. Allí, gracias a las fuertes inversiones que realizaba en la localidad, llegó a ser reconocido como una especie de prócer. Pero en octubre de 1991 viajó a Guadalajara acompañado de un chofer-guardaespaldas y una joven. Transitaba por un rumbo elegante de la ciudad cuando lo interceptaron ocho individuos que le metieron sesenta tiros y se dieron a la fuga tras dejar muerto al guardaespaldas y herida a la joven.

Simultáneamente con "El Cochiloco" se había encumbrado Miguel Ángel Félix Gallardo, nacido en 1946, en el seno de una familia muy pobre de un rancho cercano a Culiacán, y que desde la adolescencia dio muestras de ser muy empeñoso y avispado. Hacia los quince años trabajaba como barillero ambulante, llevando a los ranchos carretes de hilo, agujas y dedales, listones, peines y otras chucherías y con el producto de la venta adquiría quesos y gallinas para llevarlas a vender a Culiacán. En sus ratos libres cursó la secundaria y estudió comercio. En 1966, cumplidos los 20 años ingresó a la policía judicial del estado como agente; un día le asignaron la tarea de servir de guardaespaldas a los hijos del gobernador Leopoldo Sánchez Celis, y al cabo se convirtió en hombre de confianza del mandatario.

Parece que fue en los últimos tiempos, en el gobierno de Sánchez Celis, a quien se acusaba de proteger el narcotráfico, cuando Félix Gallardo se inició en el negocio bajo el patrocinio de un viejo narcotraficante llamado Eduardo Fernández, alias "Don Lalo". A diferencia de los demás narcotraficantes, Félix Gallardo vestía trajes bien cortados, corbata y camisas muy limpias, y jamás anduvo ostentando gruesas cadenas de oro o relojes caros. Adquirió buenas casas e invirtió su primera fortuna en 1976 al fundar una discreta inmobiliaria. También hacía cuantiosos depósitos en Banca SOMEX, a la sazón propiedad del gobierno, y hasta fue nombrado consejero de la institución. Sin mayores lujos, vivía cómodamente, no se hacía pasar como legítimo empresario de éxito.

Aunque el entonces candidato del PAN a la gubernatura estatal, Manuel J. Clouthier, se desgañitó denunciando públicamente las actividades ilícitas de Félix Gallardo, el gobernador en funciones, Antonio Toledo Corro, puso oídos sordos. Sin embargo, desde 1977, cuando le avisaron que se iba a lanzar una aparatosa ofensiva contra el narcotráfico en Sinaloa, Félix Gallardo fijó su principal residencia en un barrio elegante de Guadalajara. Sólo a veces volvía a su terruño; la ocasión más notable fue el 28 de mayo de 1983, cuando apadrinó en Culiacán la rumbosa boda de Rodolfo Sánchez Duarte, un hijo del exgobernador Sánchez Celis. (La ceremonia fue oficiada personalmente por el obispo auxiliar Humberto Velázquez.)

El tráfico de marihuana ocupaba ya lugar secundario en las actividades de Félix Gallardo, que había trabado relaciones con el hondureño Juan Matta Ballesteros, otrora socio de Sicilia Falcón, y que no sólo representaba al poderoso cártel de Medellín, sino que había sido distribuidor de drogas que la CIA sacaba a la venta para financiar operaciones seudoguerrilleras como la de los "contras" de Nicaragua.

Félix Gallardo vivió sus años de esplendor cuando gobernaba Jalisco Enrique Álvarez del Castillo, aquel que posteriormente, como procurador general de la República, habría de hacerse cargo del combate al narcotráfico en todo el país. Como Félix Gallardo tenía comprado al gobierno de Jalisco y de ribete al del municipio de Guadalajara, parecía invencible. Su desplome comenzó en 1985, a raíz del asesinato de Enrique Camarena, agente de la DEA.

Cuando todo el poder de Washington se volcó sobre el gobierno mexicano para obligarlo a capturar a los asesinos, se aprehendió a Rafael Caro Quintero, uno de los ayudantes más activos de Félix Gallardo, así como a su socio, Ernesto Fonseca ("Don Neto"), residente de Puerto Vallarta. Caro Quintero parece haber encabezado el operativo que condujo al secuestro y muerte de Camarena. El único misterio no desentrañado aún es el móvil que le impulsó a incurrir en algo peor que un crimen: una estupidez. Veladamente se dijo que Camarena iba a denunciar las ligas de Félix Gallardo con el gobierno jalisciense, que acababa de descubrir pero que hasta los niños de Guadalajara las conocían. En cambio, otras fuentes aseguran que Camarena descubrió que Caro Quintero, Don Neto y Félix Gallardo comerciaban con la droga de la CIA, y que se decidió silenciar el hallazgo por razones de alta política: tanto el gobierno mexicano como la DEA tenían informes de que los "contras" recibían adiestramiento militar en ranchos mexicanos propiedad de Caro Quintero y Don Neto.

El poder de Félix Gallardo era de tal magnitud que lo dejaron tranquilo en su residencia de la colonia Jardines del Bosque, en Guadalajara. No fue sino hasta el 8 de abril de 1989, recién iniciado el sexenio de Carlos Salinas de Gortari, cuando lo capturaron. A modo de medida precautoria o de coincidencia prefabricada, ese mismo día un fuerte contingente del ejército mexicano, mandado por el general Jesús Gutiérrez Rebollo, dio un espectacular golpe de Estado en Sinaloa al apoderarse durante un par de días de los edificios del gobierno local, los del municipio de Culiacán y los de la policía. Mientras esto ocurría, el gobernador sinaloense, Francisco Labastida Ochoa, se encontraba buceando en La Paz, Baja California Sur. Poco después lo enviaron como embajador a Portugal.

Según se dice, Félix Gallardo seguía dirigiendo el negocio desde su celda de Guadalajara, y convocó a una junta a los principales lugartenientes para redistribuir territorios, ajustar rutas y recomendar que a toda costa se evitasen las guerras de facciones. Pero lejos de obedecer, los hermanos Francisco Javier, Benjamín, Ramón y Javier Arellano Félix, posibles sobrinos del preso, se apoderaron de las plazas de Tijuana, Mexicali y Nogales, lo que provocó la reacción violenta de Joaquín Guzmán Loera, alias "El Chapo", quien temía ser desplazado de su feudo de Tecate y del nicho que empezaba a erigir en Chihuahua.

Surgido de los bajos fondos e iniciado en la vida delictiva primero como ladrón de automóviles, y en seguida como pistolero de Félix Gallardo, "El Chapo" se había encumbrado gracias a su habilidad y dinamismo. Su rústica apariencia contrastaba con la de los Arellano Félix a quienes se ha descrito como "gente del jet set" californiano, vestidos a la última moda y dueños de Ferraris, Rolls Royces y BMWs. Totalmente

89

bilingües, los hermanos parecían moverse con desenvoltura de un lado a otro de la frontera, por lo cual se les atribuían vínculos ocultos con autoridades de California. Además, según se ha publicado, alguna vez portaron credenciales del Servicio de Aduanas norteamericano.

Antes de que siguieran invadiendo sus dominios, "El Chapo" mandó a los Arellano Félix un pistolero que, como mera advertencia, se introdujo en la fiesta de bautismo de una hija de Benjamín Arellano Félix y mató de una descarga de pistola al padrino. De inmediato se multiplicaron las balaceras por todo el noroeste. En noviembre de 1992 una pandilla de San Diego roció de balas el automóvil en que viajaba "El Chapo", que no obstante resultó ileso. Los Arellano Félix solían contratar pistoleros en Logan Heights, una cochambrosa barriada de San Diego cuyos habitantes, Mexican-Americans en su mayoría, cruzan la frontera de un lado a otro sin contratiempos.

Pocos días después, Ramón y Francisco Arellano Félix parrandeaban con una docena de amigos en una rumbosa discoteca de Puerto Vallarta, cuando cayó sobre ellos un comando de cuarenta pistoleros jefaturados personalmente por "El Chapo" y literalmente deshizo el local con ráfagas de AK-47. Inexplicablemente sólo murieron seis personas; los Arellano Félix lograron escapar de milagro.

En mayo de 1993, media docena de maleantes de Logan Heights aguardaban en el aeropuerto de Guadalajara la llegada del "Chapo" Guzmán, quien debía tomar un avión con rumbo a Culiacán. "El Chapo" estaba a punto de llegar a la entrada de la terminal aérea cuando escuchó ráfagas de metralleta y ordenó a su chofer escapar. Días más tarde fue aprehendido por la policía y ahora se encuentra en la cárcel; en su lugar —"por equivocación", según la versión oficial del gobierno mexicano— fue asesinado el cardenal Juan Jesús Posadas Ocampo. Los Arellano Félix han negado que sus hombres mataran al prelado, pero no han dicho quién jefaturaba la banda que lo asesinó.

Principal socio de Guzmán era Héctor Luis Palma, alias "El Güero", otro sinaloense con historia similar a la del "Chapo": también ladrón de automóviles y pistolero de Félix Gallardo, iba en ascenso hasta que en 1987 aparentemente robó un cargamento de cocaína propiedad del patrón.

Como escarmiento, Félix Gallardo mandó a Culiacán a un sicario venezolano llamado Enrique Clavel Moreno: habilidosamente conquistó éste la confianza del "Güero", a cuya esposa sedujo y se la llevó a Venezuela en compañía de sus dos hijos. Palma supo los detalles del caso sólo cuando la mujer retiró de un banco dos millones de dólares que el marido había depositado a nombre de ella. Poco después, Palma recibió como regalo una caja en la que venía la cabeza de la esposa, y seguidamente se enteró de que los cadáveres de los dos hijitos habían sido encontrados en el fondo de una barranca ubicada en las inmediaciones de Caracas. Clavel cayó en una cárcel venezolana, donde lo asesinaron.

Según contaría el subprocurador Javier Coello Trejo, Palma se vengó de Félix Gallardo proporcionando a la policía informes que permitieron capturarlo. En 1989, ya con el capo tras las rejas, Palma prosiguió su venganza torturando y asesinando a Carlos Morales García, abogado de Félix Gallardo, y a tres colaboradores más. A principios de 1990 mató a una sobrina del exjefe. Al día siguiente secuestró, mutiló y asesinó a Leopoldo Sánchez Duarte, hijo del exgobernador Sánchez Celis y ahijado de Félix Gallardo, así como a dos amigos que lo acompañaban. Una semana más tarde Palma emboscó a otro abogado y otro sobrino de Félix Gallardo.

La sed de venganza de Palma no se apagaba. A mediados de marzo de 1990 aparecieron en una fosa cavada a orillas de la carretera de Culiacán-Los Mochis los cadáveres mutilados de cuatro individuos: los venezolanos Víctor Suate Peraza, catedrático de la Universidad Autónoma de Sinaloa, y los estudiantes Vladimir Arzolay y Amauri Graciano, más el abogado mexicano Jesús Güemes Castro. Los venezolanos fueron asesinados a causa de su paisanaje con Clavel, aunque no tenían relación con el narcotráfico, y el abogado, por simple equivocación.

En septiembre de 1992, asociado con "El Chapo", Palma hizo tirar a orillas de la carretera Cuernavaca-Acapulco los cadáveres de

91

nueve individuos, cuatro de ellos familiares de Félix Gallardo y los restantes, abogados. Junto a los cuerpos quedó abandonada una camioneta en la que aparecieron más de un centenar de títulos de propiedad: edificios, hoteles, ranchos, terrenos y casas, lo que permitió localizar bienes de Félix Gallardo para confiscarlos.

Sólo en Sinaloa, durante 1993 se libraron balaceras con un saldo de sesenta muertos, tanto del bando arellanofelicista como del "Güero" Palma.

En 1994 Palma dedicó la mayor parte de su tiempo a reorganizar su pandilla, y el 22 de junio, mientras viajaba de Ciudad Obregón a Guadalajara para arreglar negocios, el avión que lo conducía se desplomó en terrenos de un ejido nayarita. Detenido días más tarde por una partida del ejército bajo las órdenes del general Jesús Gutiérrez Rebollo, Palma reconoció su derrota al rendir su pistola favorita, una 38 con cacha tapizada de esmeraldas y diamantes que representaban una palma. Se le alojó en el penal de alta seguridad de Puente Grande, Jalisco.

Simultáneamente con los golpes demoledores que recibían los narcotraficantes del Pacífico mexicano, también el cártel de Medellín sufrió descalabros que acabarían poniéndolo prácticamente fuera de combate. Los envíos de cocaína procedente de Medellín se redujeron drásticamente, y en Estados Unidos se registró una escasez que elevó los precios hasta cerca de doscientos dólares el gramo (seis veces más que en la actualidad). La coyuntura fue aprovechada por el cártel de Cali y sus agentes mexicanos del Golfo.

Juan García Ábrego, corpulento ranchero nacido en 1946, con acta de nacimiento expedida en Texas, se inició en el narcotráfico como marihuanero, transportando yerba de Oaxaca y Guerrero hasta la frontera. Trabajaba para un tío suyo, Juan N. Guerra, un célebre traficante radicado en Matamoros, Tamaulipas, que, al rebasar los setenta años, se sintió sin energías para seguir encabezando el negocio y cedió el mando al diligente sobrino. Oportunamente García Ábrego se alió al cártel de Cali y parece que llegó a introducir a Estados Unidos el 20% de la cocaína consumida en ese país.

El ascenso de García Ábrego coincidió con la llegada de Carlos Salinas de Gortari a la presidencia y el nombramiento del exgobernador jalisciense Enrique Álvarez del Castillo como procurador general de la República y de Javier Coello Trejo como subprocurador encargado de combatir el narcotráfico. Convencido de que el flamante procurador y su subprocurador eran protectores del cártel de Medellín, ya que habían detenido a Enrique López Ocampo, un individuo que trasportaba nueve toneladas de cocaína procedente de Cali, García Ábrego ofreció dos millones y medio de dólares a un agente de la Judicial Federal por matar a Álvarez del Castillo y a Coello Trejo, pero lejos de cumplir su parte del trato, el agente lo denunció y García Ábrego tuvo que ir un tiempo a esconderse en Texas.

Por esas fechas García Ábrego había mandado matar a un exsocio y rival, Casimiro Espinoza Campos, quien convalecía de una operación en una clínica de Matamoros. Luego tocaría su turno a Ernesto Flores Torrijos y a Norma Alicia Figueroa Moreno, director y jefa de redacción del diario matamorense *El Popular*, por haber denunciado los nexos existentes entre García Ábrego y las autoridades tamaulipecas. En mayo de 1991, García Ábrego infiltró toda una gavilla de pistoleros en una cárcel tamaulipeca para que liquidaran a un rival, el recluso Oliverio Chávez Araujo; y aunque éste sólo resultó mal herido, los matones al servicio de la supuesta víctima victimaron nada menos que a dieciocho de los atacantes.

García Ábrego ya se había vuelto muy importante; había contratado como "publirrelacionista" a una turbulenta exagente de la Judicial Federal, Marcela Bodenstedt Perlick, amante del entonces super asesor presidencial José María Córdoba Montoya y muy amiga del entonces secretario de Comunicaciones y Transportes, Emilio Gamboa Patrón. Además, según el gobierno británico, García Ábrego contaba con la protección de Raúl Salinas de Gortari, hermano del presidente.

Mientras duró el sexenio de Salinas, García Ábrego se dio vuelo comprando lujosas residencias en Monterrey, inmobiliarias, empa-

93

cadoras, almacenes, clínicas, agencias de venta de automóviles, restaurantes, centros nocturnos y casas de juego, más 3,500 hectáreas de predios rústicos y urbanos. Pero su suerte dio un vuelco con la llegada a la presidencia de Ernesto Zedillo. En 1996 fue aprehendido en el poblado neoleonés de Villa de Juárez y, aprovechando su doble nacionalidad, inmediatamente entregado al gobierno de Estados Unidos. Hoy se encuentra en una cárcel de Houston, condenado a doscientos años de prisión más varias cadenas perpetuas.

Para entonces García Ábrego ya llevaba años de haber sido desplazado por otro sinaloense (de Navolatito), Amado Carrillo Fuentes, sobrino de "Don Neto", que desde los 19 años se había iniciado como transportista de marihuana en la banda de un poco conocido contrabandista llamado Pablo Acosta Villarreal, cuya base de operaciones estaba en el poblacho de Ojinaga, Chihuahua.

En 1986, Acosta Villarreal murió en una balacera contra la Judicial Federal y lo remplazó Carrillo Fuentes, quien hacia 1990 empezaba a desplazar a García Ábrego mediante una ingeniosa maniobra: estableció sus propias bodegas de droga en Chihuahua y en una docena de entidades del país, luego logró que los colombianos —tanto los escombros del cártel de Medellín como los de Cali— lo surtieran directamente en jets Boeing 727 que aterrizaban en zonas despobladas del Sureste, y se regresaban inmediatamente repletos de billetes norteamericanos. Tan pronto le surtían los colombianos, Carrillo Fuentes sacaba de sus propias bodegas la mercancía solicitada desde Estados Unidos y de este modo se aceleraba la operación, con lo cual tanto productores como consumidores obtenían interesantes beneficios financieros. Por tal motivo Carrillo Fuentes pasó a ser conocido como "El Señor de los Cielos".

García Ábrego no permaneció inactivo ante los triunfos del rival: en 1993 mandó a una gavilla de asesinos para que sorprendieran a Carrillo Fuentes mientras cenaba en un restaurante del sur del D.F. y rociaron de balas la mesa que ocupaba, sin conseguir los resultados deseados. Un mes más tarde, mientras Carrillo Fuentes cenaba en otro restaurante, otra gavilla trató de asesinarlo y de nuevo salió ileso.

Tras esto los cadáveres de muchos secuaces de García Ábrego aparecieron por medio país, y con tal medida y el apoyo de algún sector del gobierno, Amado Carrillo se convirtió en el amo indiscutible del narcotráfico en México. Su poder llegó a ser tan grande que imponía a los colombianos el precio al que les compraba la droga, y trabó contactos con la Mafia siciliana, la Camorra napolitana y parece que andaba en arreglos con la omnipotente Cosa Nostra de Estados Unidos. Pero no se sentía completamente seguro y trató de mudarse con identidad falsa a Chile, Cuba o España.

Un día de 1997, Carrillo Fuentes llegó a un sanatorio del Distrito Federal para someterse a una operación de cirugía plástica y cambiar de rostro. No se sabe a ciencia cierta qué ocurrió, pero al cabo los periódicos publicaron fotos del cadáver abotagado de "El Señor de los Cielos", supuestamente muerto cuando los médicos le aplicaban anestesia.

Hoy día abundan los exsecuaces dispuestos a disputarse los despojos del caído. Trataron de establecer una base firme en Cancún, protegidos por el gobernador de Quintana Roo, Mario Villanueva, mas fueron desbandados por la DEA con la colaboración del gobierno mexicano, y ahora hasta Villanueva anda prófugo.

¿Y qué ganaron todos aquellos hombres implacables con haber arriesgado la vida incontables veces y haberse esforzado tanto por llegar a la cumbre del narcotráfico? Los que no estaban ya bajo tierra se pudrían en cárceles de alta seguridad, donde por cada año se avejentan cinco, mientras que sus astronómicas fortunas han desaparecido en el agujero negro de la Dirección General de Bienes Asegurados, una dependencia de la Procuraduría General de la República. Y el país, lejos de beneficiarse con las inmensas sumas recaudadas por los narcotraficantes, tenía que invertir mil millones de dólares anuales, arrancados a los contribuyentes mexicanos, para pagar los policías y soldados que arriesgan sus vidas por evitar que la droga llegue al país con mayor número de drogadictos en el mundo. Decididamente, había llegado el momento de reflexionar a fondo acerca de la cuestión, y muy a regañadientes don Ramiro Gastélum se decidió a comunicar sus inquietudes al licenciado Eugenio Garmendia y Gonzaga.

La gran decisión

Por su voz engolada y sus ojillos de mirada gélida que no parecían enfocarse a ninguna parte, el licenciado Eugenio Garmendia y Gonzaga hacía muy difícil adivinar sus reacciones ante lo que se le decía. Encorbatado siempre y con mascada en el bolsillo del saco, el licenciado solía vestir trajes oscuros de impecable corte y calzaba relucientes zapatos puntiagudos de color negro, lo cual acentuaba su chocante personalidad. Otro detalle del mismo género era su pelo envaselinado y su peinado con raya a la izquierda y copete de ésos que estuvieron de moda en los años cincuenta.

El licenciado Garmendia y Gonzaga había entrado en la vida de Gastélum al finalizar la época en que se celebró el pacto de caballeros con un gobernador: Gastélum vigilaría que los narcotraficantes de su comarca entregaran cincuenta centavos por cada dólar que les quedara de utilidad tras vender la droga en Estados Unidos, y el sector oficial recibiría tales sumas a cambio de dar las máximas facilidades posibles para que el contrabando llegara a su destino sin mermas —salvo los cargamentos que, como margen de sacrificio perfectamente calculado, se incautaran de vez en cuando para hacer creer que los policías obtenían éxitos. El arreglo evitó escándalos y derramamientos de sangre inútiles; el licenciado Garmendia y Gonzaga, con el disfraz de director de una oscura oficina del gobierno, había llegado a Culiacán para servir como recaudador del dinero correspondiente al sector oficial.

Gastélum jamás se enteró de lo que hacía el licenciado con los millones y millones de dólares que recibía ni a quién se los entregaba.

Era de suponer que se quedara con una parte minúscula y pasara el grueso del dinero para ser distribuido en el reparto general: tanto para las variadas policías, tanto para los aduaneros y los militares, tanto para los gobernadores, los procuradores y los funcionarios más altos del gobierno, y quién sabe cuánto para el jefe o los jefes principales de la operación.

El negocio había resultado magnífico para los burócratas y los narcotraficantes, así como para Gastélum, quien percibía el uno al millar del total de las ventas sin que pasara por sus manos ni un gramo de las drogas: sólo tenía que vigilar que los narcotraficantes no intentaran hacer trampa con las sumas que entregaban.

Aunque seguía convencido de que hizo bien al exhibirse públicamente en íntimas relaciones con Jimmy y Jake, Gastélum se preguntó si el licenciado Garmendia y Gonzaga estaría al tanto de aquellos tratos que podrían parecer sospechosos a cierto tipo de gente. Se preguntó también si el licenciado y sus jefes estarían enterados de los temas tratados en la junta del hotel de Mazatlán, y para evitar que cosas buenas fueran interpretadas como malas, decidió informar directamente al licenciado.

Ambos evitaban dejarse ver el uno en compañía del otro. Si por casualidad se encontraban en alguna calle o en alguna reunión, se saludaban cortésmente y luego de intercambiar frases insustanciales se iban cada uno por su lado. Pero en aquella ocasión sería necesario hablar muy largo; para concertar una cita, Gastélum se dirigió a un restaurante donde el licenciado Garmendia comía todos los miércoles; se quedó en el estacionamiento y cuando el licenciado llegó a recoger su automóvil —no usaba chofer— Gastélum se le acercó como para saludarlo y sin pérdida de tiempo le dijo que necesitaba contarle cosas importantes y consideraba necesario que se reunieran. Para evitar indiscreciones sería mejor que se viesen en un sitio alejado de Sinaloa, donde ninguno de los dos fueran personas conocidas. El licenciado repuso que el lunes siguiente viajaría a Querétaro y ahí podrían hablar libremente. Gastélum estuvo de acuerdo en reunírsele en esa ciudad y los dos hombres tomaron en seguida direcciones opuestas.

La reunión tuvo lugar en el semivacío café de un hotelito queretano de segunda clase.

–Hace días me visitaron un par de amigos gringos y me dijeron algunas cosas que me han estado dando vueltas en la cabeza. Me pareció conveniente contárselas a usted por si considera que debe comunicarlas a sus superiores. Por mi parte, yo no volveré a tratar el asunto. Simplemente he querido dejar la decisión final a una persona mejor informada que yo.

–Dígame pues —repuso el licenciado de la mirada huidiza—. Si usted cree que es importante, debe serlo, y si no lo fuera, de todos modos nos tomaremos a gusto el café.

–Los amigos gringos que estuvieron conmigo hace poco andan luchando por la legalización del comercio de drogas en Estados Unidos. Son unos ingenuos y quieren que yo les ayude a promover un movimiento para presionar al gobierno mexicano en el sentido de que legalice la venta de drogas, pues consideran que eso podría forzar a las autoridades de Washington a proceder en igual forma. También me dijeron otras cosas que yo ignoraba, y lo que más me llamó la atención fue que, por cada dólar que produce la venta de drogas en Estados Unidos, a los mexicanos y los colombianos nos entregan sólo diez centavos y ellos se quedan con noventa. Yo hice mis propias investigaciones entre gente que conoce a fondo la cuestión, y comprobé que el dato es completamente cierto.

–¡Gringos desgraciados! —rugió Garmendia—. Y bien, no hay motivo para extrañarse: estos miserables siempre nos han explotado de la manera más vil.

–A lo que yo voy es a esto: la gente de Culiacán no sabe de finanzas y ni se imagina lo que ha estado pasando. Y sospecho que las personas a quienes usted representa tampoco han pensado que con algo de mayor firmeza podrían exigir un mejor trato. No digo que compartiéramos por mitades con los del norte el precio de venta al público, pero al menos podríamos subir un pequeño porcentaje a la mercancía que entregamos, que después de todo sólo significaría incrementar nuestra participación del 10 al 12 o al 15% del precio final.

99

—Lo cual me parece razonable y no nos vendría mal —dijo Garmendia—. Por mi parte, a mí me encantaría darles un buen mordisco. Yo siempre he sido un patriota y me indigna ver los periódicos gringos tapizados de artículos en los que presentan a México como un narco-Estado corrupto. Pero en todo caso, el aumento sería cuestión de tomar decisiones que no nos corresponden ni a usted ni a mí.

—Claro: nosotros sólo podemos trasmitir la información —dijo Gastélum—. Y ya que estamos en eso, le contaré otra cosa: los amigos aseguran que los pollos gordos de Estados Unidos se están apresurando a producir drogas sintéticas mejoradas, de altísima tecnología, a fin de prescindir de nosotros y quedarse con el 100% del mercado. No sé hasta dónde puede ser cierto esto, pero se lo cuento por lo que pueda valer.

—¡Ah, desgraciados! —dijo el licenciado—. Ganas no me faltan de contribuir con mi granito de arena a darles una lección, pero un asunto tan delicado como éste no se puede tomar a la ligera. Lo voy a pensar, y decida lo que decida, le ruego que olvidemos esta plática y la demos por terminada para nunca volver a plantearla.

—De acuerdo, licenciado. Aquí termina mi intervención. Le deseo muy buen viaje de regreso. Yo aprovecharé la ocasión para visitar el sitio donde fusilaron a Maximiliano, que siempre he tenido curiosidad por conocer. Con el tiempo veremos a lo que conduce nuestra plática; yo no tengo muchas esperanzas de que fructifique, pero no me quise quedar con el gusanito de hablar con usted.

—Hasta luego don Ramiro. Y que disfrute su paseo.

෧

Garmendia pasó días enteros diciéndose que, si comunicaba a su jefe las elucubraciones de Gastélum, tal vez lo tomarían a él por fantasioso o falto de juicio, lo que haría peligrar su posición. Sobre todo, ¿cómo iba a suponerse que la gente de los niveles más altos del negocio ignoraran los datos que averiguó Gastélum?

Pero cuando Garmendia tuvo una de sus infrecuentes reuniones con su jefe inmediato, otro licenciado incrustado en otra dirección gubernamental, la televisión y los periódicos aparecían atestados nuevamente de noticias acerca de la posible descertificación de México por no cooperar lealmente en la guerra contra el narcotráfico. Varios senadores yanquis rugían que había llegado el momento de aplicar mano dura al antidemocrático país vecino, al que presentaban gobernado por el hampa. Legiones de turistas cancelaban sus viajes a México, temerosos de ser asaltados y robados en cuanto cruzaran la frontera. El editorialista de un periódico texano apuntó que los mexicanos nunca han atendido más razón que la de la fuerza.

—Otra vez vuelve la conjura contra México —dijo el jefe de Garmendia.

—Exacto. Son unos hipócritas desgraciados.

El alma de ambos patriotas mexicanos estaba enardecida. En esta coyuntura, a Garmendia le fue fácil y hasta natural trasmitir los informes que había estado guardando.

Tal vez esto contribuyó a la toma de la decisión, pero lo más importante parece haber sido un rumor que corría en los círculos políticos mexicanos: las renovadas presiones para hacer que México desmantelara por completo su estructura del narcotráfico obedecían a que los servicios de inteligencia de Estados Unidos descubrieron que Fidel Castro padecía una enfermedad terminal y pronto iba a morirse. Entre los exiliados cubanos de Miami ya se hacían preparativos para volver a la isla y restablecer la mafia en las mismas condiciones que operó bajo el régimen de Fulgencio Batista, de modo que ésta remplazaría a la mexicana como principal abastecedor de drogas a Estados Unidos. Los pollos gordos del norte consideraban benéfico el cambio porque la organización cubana era más maleable que la mexicana. Y como la mayoría de los delincuentes y los funcionarios mexicanos ligados al narcotráfico tenían sus fortunas depositadas en Estados Unidos o en Suiza, ya se estaban reuniendo elementos para demostrar judicialmente, cuando llegara el momento oportuno, que esos capitales provenían del narcotráfico y debían ser confiscados.

101

EL ARRANQUE

E n Culiacán, al regreso de Bangkok, Gastélum encontró varios paquetes de impresos enviados por Jimmy Parker. Contenían tres carteles, el primero de los cuales reproducía un anuncio publicado en el catálogo de Sears Roebuck correspondiente al año de 1897 y que ofrecía para la venta por correo un coqueto estuche con dos ampolletas de morfina, una jeringa y dos agujas para inyectar, todo por un dólar cincuenta. El segundo mostraba una botella de Coca Cola y la leyenda: "Hasta 1903, el refresco más popular de Estados Unidos se fabricaba con coca, la planta de la que se extrae la cocaína". En el tercero había una hoja de marihuana dibujada y la leyenda: "Hasta 1936, cuando fueron prohibidos por medio de una ley federal, el consumo y la venta de marihuana en Estados Unidos eran perfectamente legales, y muy pocos individuos fumaban la yerba. Después de que se dictó la prohibición surgieron decenas de millones de adictos".

Los carteles trataban de demostrar que la guerra contra el narcotráfico sólo había servido para aumentar el número de drogadictos, y que la mejor manera de combatir el problema consistía en legalizar el consumo y la venta de drogas. En carta adjunta, Jimmy explicó que los carteles formaban parte de la campaña que estaba a punto de iniciarse para exigir la legalización de las drogas en Estados Unidos; y pidió a Gastélum que procurara exhibirlos en los sitios más visibles de su comarca, ya que, según él, servirían para hacer ver a los mexicanos la conveniencia de legalizar unilateralmente el narcotráfico.

Lejos estaba Jimmy de imaginar que el amigote Ramiro había

recibido instrucciones del licenciado Garmendia y Gonzaga en el sentido de seguir cultivando la amistad de los gringos partidarios de la legalización, ya que servirían de apoyo en caso de que México procediera como ellos querían. Gastélum escribió a Jimmy asegurándole que haría todo lo posible por complacerlo y pensando que el amigo no necesitaba mucho para estimularlo a proseguir con su campaña.

Una semana después "El Armatoste" Galindo se presentó en la oficina de Gastélum para quejarse de que lo estuvieran discriminando, pues le habían suspendido los embarques de droga y sus existencias estaban a punto de agotarse. Creía que la suspensión se aplicaba solamente a él; Gastélum, por su parte, comprendió que ya había comenzado a surtir efectos el acuerdo de Bangkok, y para deshacerse del "Armatoste" lo reprendió diciéndole que se abstuviera de querer contradecir las disposiciones provenientes de lo más alto: oportunamente volverían a hacérsele las entregas de droga.

Culiacán distaba mucho de ser el único lugar estremecido por el desconcierto. En California, cuando las entregas de sus embarques llevaban una semana de retraso, Steve Mason se consoló pensando que la falla se debía a la proverbial impuntualidad de los mexicanos y no se inquietó. Pero a medida que avanzaba la segunda semana sin recibir el anhelado envío y sus clientes lo atosigaban reclamándole por la demora, Mason trató de comunicarse telefónicamente con "El Armatoste" Galindo —sin resultados, porque siempre le salían con las evasivas usuales: que Galindo se encontraba de viaje, o ligeramente enfermo en cama y no podía contestar en ese momento, etcétera, etcétera.

Al cumplirse dos semanas de atraso, Mason voló a Culiacán para averiguar personalmente lo que estaba pasando. Era Mason un cincuentón alto, esbelto y de pelo rubio que dejaba crecer en la nuca para hacerse una cola de caballo; usaba anteojos oscuros, vestía jeans de elevado precio, camisa de lino y sombrero de cowboy australiano. Se presentó de improviso en casa del "Armatoste" y, cuando el portero le aseguró que el patrón estaba ausente, Mason dijo que lo esperaría y no iba a moverse hasta no verlo.

Finalmente lo condujeron a la sala, donde aguardaba Galindo.

–Te mandé decir que yo te avisaría en cuanto tuviera noticias, y si no te he avisado es porque no hay —dijo.

–Al menos pudiste haber contestado el teléfono para decirme cuándo reanudarás los embarques. Ya me quedé sin reservas de mercancía. Mis compradores están furiosos y no puedo calmarlos más tiempo. ¿Qué sucede, pues?

–Sucede que tampoco yo he recibido ni un gramo y ya vendí todas mis existencias. No sé a qué se deba la demora ni cuándo me volverán a surtir. No han dado explicaciones y sólo me han dicho que el mes entrante darán informes precisos.

–¡Maldita sea! ¿Y crees que voy a estar esperándote eternamente?

–Mira Steve: tú y yo estamos en este negocio por interés mutuo, y por supuesto que tanto uno como el otro buscaremos un cliente mejor cuando nos parezca conveniente.

Mason ya había estado buscando otro proveedor, e invariablemente se le decía que las existencias estaban agotadas: –Bueno, al menos pasa un gramo para sobrellevar el mal momento —dijo.

–Ya sabes que yo no la pruebo, y no tengo ni siquiera un gramo.

Los dos hombres se conocían desde muchos años atrás. Cuando Mason era un joven hippie, periódicamente visitaba el rancho de la familia Galindo, cerca de Navolato, para comprar marihuana y llevársela a Estados Unidos en los múltiples escondrijos de los diversos vehículos destartalados que usaba para el trasporte. Muchas veces Galindo, por entonces un adolescente, ayudaba a Mason a esconder la yerba y a cambio recibía propinas. A lo largo de tres generaciones, la familia Galindo había vivido de comprar a los campesinos de su comarca la cosecha de marihuana y venderla tanto en las ciudades cercanas como a los individuos que la llevaban a la frontera.

Desde chiquillos, los varones de la familia Galindo recibían adiestramiento para que aprendieran los secretos del negocio; "El Armatoste" había sido comprador regional, bodeguero y transportista, experto en ocultar cargamentos, agente de la Judicial (para ello le compraron el empleo) y al morir su padre, él ya no encontró dificultades para dirigir el negocio y hacerlo progresar.

El gran cambio se produjo cuando los colombianos empezaron a usar el territorio mexicano como trampolín para la cocaína que enviaban a Estados Unidos. La marihuana, por lo voluminoso de los cargamentos y el olor que despide, ofrecía muchos riesgos y menores ganancias. En cambio, la cocaína se vendía por kilo o por gramos y un pequeño paquete que cualquiera podía ocultar hasta en la ropa dejaba tanto o más dinero que media tonelada de yerba.

Mason acabó por abandonar el tráfico de marihuana para especializarse en cocaína. Los viajes a Sinaloa le habían producido muy buen dinero, y gracias a ellos pudo instalar en California un negocio de bienes raíces que le permitió hacerse pasar por legítimo business man. Y para evitarse viajes a Sinaloa, incómodos y por añadidura sospechosos, negoció con "El Armatoste" que las entregas se las hiciese en la frontera, desde donde Mason las distribuiría a sus clientes de California, Colorado y Arizona.

–Entonces, ¿qué vamos a hacer? —dijo Mason.

–Yo sé lo que voy a hacer: tengo órdenes de esperar y esperaré el tiempo necesario. En este negocio no se discuten las órdenes.

–Goddamnit! —exclamó Mason, y hecho una furia se dirigió al aeropuerto para abordar el avión que lo llevaría de vuelta a San Diego.

Pasaron otros quince días sin que se reanudara el abastecimiento. Privados de la droga que consumían los fines de semana, los ejecutivos y los profesionistas de los suburbios ricos norteamericanos —Newport Beach, Martha's Vineyard, Long Beach y otros retiros privilegiados— llegaban los lunes de pésimo humor a sus oficinas y tomaban decisiones erróneas o provocaban discusiones tontas. En los barrios bajos, donde desapareció el crack, las riñas entre vendedores y consumidores irritados hicieron trabajar horas extras a la policía. Lo peor fue la escasez de heroína, cuyos adictos enloquecidos al faltarles sus "arponazos", hicieron estallar sangrientos motines en varias de las cárceles donde se les tenía recluidos.

"El Armatoste" Galindo fue de los primeros en recibir notifica-

ción de que el abastecimiento se reanudaría en el plazo de una semana, si bien el precio de la cocaína subiría un 50%; y como él tenía compromiso de comprar a sus proveedores y colocar entre sus clientes dos
millones de dólares mensuales, a partir del mes siguiente la cuota as-
cendería a tres millones. Por supuesto, no tuvo que cavilar mucho
para decidirse a trasladar el aumento a su clientela.

De inmediato despachó a media docena de hombres con la misión de apaciguar a los clientes menores y convencerlos de que tenían
que pagar. Pero "El Armatoste" decidió atender personalmente al ma-
yorista más importante —Steve Mason—. Con tal fin tomó un vuelo
comercial a Tijuana y de allí, en un automóvil rentado, prosiguió hasta
Ensenada, en una de cuyas playas poseía una espléndida residencia
que le servía como "casa de seguridad".

Sabedor de que el trato con Steve no iba a ser fácil, Galindo decidió suavizar el trance llevándose de acompañante a una espigada belleza de Culiacán. Mason ya había llegado a la residencia, pues el viaje
desde su casa, ubicada entre San Diego y Los Angeles, había sido más
rápido que lo normal. Galindo le había telefoneado para concertar la
reunión, en la que le expondría un asunto de la mayor importancia.
Galindo pidió a la acompañante que pasara a instalarse en sus habitaciones, y los dos hombres se trasladaron a la alberca para tomar asiento en torno a una mesa con sombrilla.

–Al grano, pues —dijo Mason.

–Si tienes ganas de pelear, yo tengo otros proyectos, como ya
habrás visto —Galindo movió la cabeza en dirección a la alcoba donde
se hallaba la muchacha—. Yo no pelearé; nos tomaremos una copa,
luego nos separaremos como amigos y cuando entres en razón te contaré lo que vine a decirte.

–Shit! Para peleas, las que he tenido con mis clientes, que me
exigen decirles cuándo demonios nos van a entregar la mercancía.

–Sobre eso, te traje una buena noticia: las entregas pueden re-
anudarse mañana mismo —el rostro de Mason se iluminó de alegría,
para luego irse descomponiendo a medida que Galindo proseguía—
...y una mala: a partir de hoy, el precio aumenta un 50%.

107

–Shit! Ya suponía que se estaba tramando algo así —rugió Mason, pero se abstuvo de amenazar con un cambio de provedor, pues bien sabía que la droga había desaparecido del mercado, y que estaban vendiendo los pocos gramos que se rescataban por casualidad con sobreprecios del 100% a 200%—. Eso significa que en lugar de pagarte dos millones de dólares por el nuevo embarque tendré que darte tres. ¿Y de dónde voy a sacar el millón extra?

–Mira, Steve, tenemos una vida entera de haber hecho buenos negocios. Sigamos haciéndolos sin rabietas. Sólo por esta vez te daré una semana de plazo para que me pagues el tercer millón, y todos contentos.

–Shit! —Mason no parecía cansarse de repetir la palabreja—. Supongo que por esta vez tendré que ceder.

Como premio de consolación, Galindo entregó a Mason un paquetito con cinco gramos de cocaína. Mason mismo había sufrido por la escasez, y sin pérdida de tiempo inhaló un poco. De inmediato cambió de humor y dijo que, después de todo, los precios habían estado muy bajos desde hacía un par de años y que ya era tiempo de subirlos. Para celebrar el acontecimiento llamó por su celular a la modelo de *Playboy* con la que había estado viviendo en los últimos meses y le ordenó trasladarse a Tijuana, donde él la recogería para ir a cenar y a bailar. "El Armatoste" y la belleza de Culiacán se incorporaron a la celebración.

En las barriadas miserables, la reacción típica fue la registrada en un cavernoso edificio de apartamientos ubicado en un barrio negro de Chicago, cuando un repartidor dijo al corpulento Mo Williams que sólo podía entregarle kilo y medio de polvo en vez de los dos acostumbrados, y que la nueva dotación le costaría lo mismo que pagaba por la anterior. Williams montó en cólera y sintió deseos de estrangular al repartidor pero éste lo contuvo señalando que él sólo obedecía órdenes; Williams podía aceptar o rechazar el envío y debería hacerle al jefe cualquier reclamación.

Como concesionario de un área de cincuenta manzanas en la que sólo él tenía autorización de la mafia para vender drogas, Mo estaba supeditado a Randy Armstrong, el hombre que imperaba en la totalidad de los barrios negros y que a su vez dependía del jefe de otro territorio mayor, un individuo de cuya identidad ni Mo ni Randy tenían la menor idea, aunque daban por sentado que se trataba de algún influyente con acceso a los poderosos del gobierno municipal.

Al teléfono, Randy Armstrong advirtió un tono de molestia en la voz de Mo.

–¿Estás enojado conmigo, Mo? —dijo.

–Contento no podría estar. Estos aumentos tan repentinos me pueden sacar del negocio.

–La decisión vino de arriba. A mí tampoco me gustó pero tuve que aceptarla y te aconsejo que la aceptes tú también si no quieres perder la franquicia.

Mo sabía que esa pérdida lo obligaría a cambiar de giro comercial, ya que los listos que pretendían operar por la libre acababan bajo tierra o tenían que emigrar a otros rumbos. La franquicia costaba dinero, pero a cambio aseguraba la exclusividad de operación en el área reservada y los franquiciadores se encargaban de negociar con la policía para que no obstruyera el negocio más allá de las contadas veces en que se efectuaban redadas en algún barrio.

Por lo pronto, Mo guardó dos bolsas de medio kilo en la caja fuerte y entregó la tercera a la media docena de trabajadores encargados de mezclar unos granitos de cocaína con polvo para hornear y hacer de esta manera una ración de crack. Envolvían el polvillo resultante en un sobrecito de papel de china y con sesenta sobrecitos que metían en una cajita de cartón delgado formaban un 60-pack. Los trabajadores ganaban sueldos miserables pero tenían derecho a inhalar todo el crack que desearan.

Hasta el día anterior, Mo había vendido en 500 dólares el 60-pack. Inevitablemente, los repartidores refunfuñaron al enterarse de que a partir de ese día el mismo paquete costaría 750 dólares, pero finalmente partieron en sus destartalados automóviles a las zonas que

tenían asignadas. Cada repartidor traía dos ayudantes. Todos eran negros de entre 14 y 17 años de edad, escogidos expresamente para que,
si caían en una redada, se les llevara a un reclusorio de menores, donde sólo se les podía detener 30 días como máximo, mientras que si fueran adultos les correspondería una pena de 6 a 60 años.

De tenis, camiseta con letreros y gorra beisbolera puesta al revés, los repartidores llegaron finalmente a las sórdidas calles donde
debían operar, formadas por lúgubres viviendas unifamiliares y co-
chambrosos edificios de apartamientos. Desde hacía muchos años las
aceras albergaban un mercado de drogas al aire libre, a plena vista de
los hombres en camiseta y las mujeres en shorts que salían a sentarse
en las escalinatas de entrada a sus hogares para refrescarse en el ago-
biante calor veraniego; de los chiquillos que corrían en sus patinetas
y de los grupos de jóvenes que se instalaban en las esquinas a tararear
rock, y aun de los policías y las patrullas que supuestamente vigilaban
la aplicación de la ley.

Hasta el día anterior, los repartidores distribuían los 60-pack
entre los vendedorcitos de su equipo, quienes vendían cada sobrecillo
a diez dólares, de modo que reunían seiscientos, se quedaban con cien
y entregaban los quinientos restantes a los cobradores de Mo. Aquel
día se les dijo que tendrían que vender el sobrecito a quince dólares
para reunir novecientos, entregar setecientos cincuenta al cobrador y
quedarse ellos con ciento cincuenta, de modo que aun ellos tuvieran
aliciente para esforzarse en su labor. Los compradores —principal-
mente negros, latinoamericanos y blancos pobres; tanto niños como
ancianos— tendrían que pagar o quedarse sin droga.

Mo Williams estuvo nervioso hasta la una de la tarde, pensando que las ventas iban a desplomarse. Entonces le empezaron a llegar
los telefonemas de los repartidores que pedían resurtido por habérse-
les agotado las existencias. Mo rio al recordar las noticias de televisión
que anunciaban una pronunciada baja en el consumo de crack y vati-
cinaban la inminente desaparición de este enervante. Reconfortado
por las palabras de los repartidores, despachó a los encargados de hacer las nuevas entregas.

En seguida salieron los equipos de cobradores, distintos de los repartidores —por experiencia se sabía que la droga y el dinero nunca debían ir en el mismo vehículo— y también integrados por menores de edad que portaban pistola a la vista, tanto para atemorizar a los vendedores reacios a saldar su deuda como para meter miedo a los vecinos que a diario miraban operar a los traficantes sin atreverse a denunciarlos a la policía.

Un mes más tarde se impuso el nuevo aumento, con los consabidos jaloneos. Pero a los pocos días se restableció la normalidad en el mundo de las drogas.

LA SOMBRA DE JAMES BOND

P ara celebrar la reunión se eligió un pequeño auditorio adjunto a la embajada de Estados Unidos en México. Llamados de urgencia, acudieron a ella un centenar de los principales agentes de la DEA en América Latina, de origen mexicano y puertorriqueño la mitad de ellos, los restantes norteamericanos blancos y negros. Entre todos aquellos rostros endurecidos no se veía ni una sola sonrisa; el más alterado era el del jefe de operaciones en el subcontinente, Roy McLuhan.

–¡No puede ser! —rugió McLuhan—. Tenemos un centenar de puestos de observación entre el río Bravo y la Patagonia, y no hubo uno solo... ¡uno solo!... que informara sobre lo que estaba sucediendo, o que al menos trasmitiera rumores de lo que iba a pasar. ¿Se dan ustedes cuenta del papelón que hemos hecho?

Como desquite, McLuhan repitió palabra por palabra la reprimenda que sus jefes le habían hecho en Washington:

–Espero no insultar la inteligencia de ustedes diciéndoles lo que les voy a decir pero necesito estar seguro de que todos lo entiendan. El hecho de que las drogas cuesten en Estados Unidos el doble de hace un par de meses no es cuestión que nos afecte en lo particular; en cambio tiene capital importancia la forma súbita y ordenada con que los traficantes impusieron los aumentos, pues significa nada más ni nada menos que han alcanzado niveles muy altos de organización; que ahora mismo están recibiendo el doble del dinero que obtenían hasta antes de que se impusieran los aumentos; que ese dinero lo utilizarán para cometer mayores barbaridades, y que todo lo hicieron ante nuestras propias narices. ¿De qué sirve la DEA si no es capaz de averiguar a tiempo un suceso tan importante? ¿Qué van a hacer los traficantes con tanto dinero y, sobre todo, quién pudo dar la orden de aumentar precios y lograr que se acatara a escala mundial?

Jesse Rojas levantó la mano derecha para hacer una aclaración. McLuhan interrumpió su perorata e hizo a Jesse la señal de hablar.

—Entiendo que los altos burócratas, quienes se pasan el día sentados tras un escritorio y las noches asistiendo a cocteles diplomáticos, encuentren inexplicable el hecho de que no les hayamos informado a tiempo lo que iba a pasar. Pero habría que recordarles que muchos de nosotros hemos informado infinidad de veces los pasos que dan los principales traficantes de nuestra área, y los señores burócratas, que ponen mucho interés en facilitar el comercio entre los países, pero no en el combate a las drogas, siempre salen con el sermón de que debemos respetar las leyes del país anfitrión y comunicar nuestras averiguaciones al jefe local de la policía. Cuando yo he hecho eso, más tardo en hablar con los judiciales que el traficante afectado en saberlo. Necesitamos tener facultades para aprehender a los pájaros mayores y llevarlos a Estados Unidos a fin de que allá los juzguen y los hagan confesar lo que nos interesa.

McLuhan retomó la palabra: —Estuvo bien que me interrumpieras, Jesse, pues esto me ha dado pie para recordar a todos ustedes que la política exterior de Estados Unidos la traza el Presidente de acuerdo con el Congreso y que nosotros no somos nadie para aconsejarles cómo deben gobernar y qué deben hacer para que nos ganemos más cómodamente el salario. Nosotros somos policías encargados de combatir el narcotráfico y debemos hacerlo dentro de los límites que nos fijan y, si no nos gusta, renunciar. Y ahora añadiré que yo no vine a escuchar lloriqueos ni permitiré nuevas interrupciones.

Un silencio absoluto reinó en el auditorio. McLuhan prosiguió:

—Necesitamos ahora anotarnos un gran triunfo para restaurar el prestigio de la DEA o por lo menos suavizar el ridículo en que hemos quedado. Cuál podría ser ese gran triunfo, no lo sé. Los he reunido a fin de que, acumulando experiencias, discutan ampliamente y busquen ideas prácticas no sólo para evitar pifias sino también y sobre

114

todo para mejorar nuestro rendimiento y recuperar nuestro prestigio ante los altos círculos del gobierno y ante la opinión pública. Trabajen individualmente o en grupos, como mejor les parezca, y cuando tengan una idea novedosa, aunque parezca arriesgada o incompleta, pasen a verme a mi oficina, donde estaré esperando hasta que me avisen que ya no hay más nuevas ideas.

—Pero antes de irme —prosiguió—, les hablaré sobre un editorial que publicó ayer un periódico de Washington. O mejor lo voy a leer. Dice:

"Según fuentes fidedignas, el precio de las drogas que se venden en nuestras ciudades se ha duplicado en el último par de meses. La noticia debería ser motivo de alegría general, ya que, según una interpretación simplista de la ley de la oferta y la demanda, los precios más elevados deberían desestimular a los consumidores y con ello provocar una baja en las ventas.

"Esa interpretación simplista sirvió de base para la creación de la DEA: si el precio de las drogas aumenta gracias a los decomisos que llevan a cabo los policías, se dijo en tiempos de Nixon, las ventas bajarán forzosamente y con ello el número de adictos. La Guerra contra las Drogas se basó en combatir la oferta, y aunque se han obtenido algunos triunfos, Estados Unidos sigue siendo el país con mayor número de drogadictos en el mundo. El reciente aumento de precios no ha reducido el consumo en absoluto, según fuentes oficiales.

"Se sabe que fueron los productores colombianos y los intermediarios mexicanos los que impusieron el aumento de precios, y el éxito de la maniobra tiene que haberlos ensoberbecido. Las sumas astronómicas que están obteniendo ahora les servirán para conseguir más armas y corromper más funcionarios, tanto colombianos y mexicanos como norteamericanos —la corrupción no es privativa de los morenitos del sur, como suele creerse en este país, sino que también alcanza aquí grados inimaginables— así como para reforzar las campañas tendientes a crear nuevos consumidores de drogas, con el consecuente aumento de utilidades.

"Como bien saben los economistas, la demanda de drogas es

115

inelástica: el hombre esclavizado por ellas encuentra muy difícil o imposible privarse de su ración habitual y muchas veces hará cualquier sacrificio, incluyendo el de salir a robar, con tal de satisfacer su ansia de ingerir el producto al que se ha habituado.

"Esto viene a cuento porque ahora está circulando un rumor que parece cosa de locos y, para justipreciarlo, hay que remontarnos a la primera guerra mundial, cuando cientos de miles de habitantes de este país estaban habituados a consumir fuertes cantidades de opiáceos fabricados en Alemania —la venta de estas drogas era completamente legal en aquellos tiempos— y se temió que los alemanes, para tomar ventaja en la guerra, nos privaran abruptamente de opio, heroína y morfina, lo que haría salir a la calle ejércitos de adictos dispuestos a matar o matarse para conseguir droga.

"Por supuesto, nada de esto sucedió. Ahora sólo un paranoico podría creer que los latinoamericanos se atrevieran a llevar a cabo una maniobra tan arriesgada. Por otro lado, los enemigos menospreciables no existen y siempre es bueno tomar precauciones. Por eso convendría que nuestros mejores cerebros se pusieran a analizar los resultados que ha acarreado la Guerra contra las Drogas, y si resuelven que ésta nunca triunfará, se haga una seria revaluación de pros y contras de legalizar la venta de todas las drogas en este país, con las precauciones elementales para evitar el consumo entre los niños y los adolescentes."

–Este editorial refleja el giro que está dando hoy día la opinión pública en Estados Unidos —concluyó McLuhan—. Les ruego estudiarlo, tomando en cuenta que los grupos que exigen liberar la venta de drogas están creciendo día a día, y que no sería imposible que acabaran imponiendo sus puntos de vista, lo cual, para comenzar, implicaría la desaparición de la DEA y que todos nosotros nos quedáramos sin empleo. Gracias por oírme y me retiro.

McLuhan se levantó de su asiento, caminó hacia la puerta de salida del auditorio, la cruzó y no había avanzado ni diez pasos cuando escuchó tras él una voz que le decía: –¡Roy! ¡Hey, Roy!

Al volver la cara ya lo habían alcanzado: –¡Jesse! —dijo—. Espero que no habrás tomado como algo personal lo que te dije en la

116

reunión. Sé que eres uno de nuestros mejores elementos, y si te hablé fuerte fue para hacer ver a los compañeros que la situación es difícil y todos debemos colaborar para salir del aprieto.

–¡No, hombre! ¡Cómo me voy a sentir ofendido yo! Al contrario, me dio gusto ver que ahora sí estamos tomando en serio nuestro trabajo. Tú eres el jefe y por supuesto que nos tienes que sacudir de vez en cuando. Lo que pasa es que nos pediste ideas y quiero ser el primero en presentarte una que desde hace meses me anda dando vueltas en la cabeza.

–Vamos pues a mi oficina —dijo McLuhan, con resignación.

Una vez instalado frente al escritorio, Jesse Rojas empezó a decir:

–Tú y yo hemos dicho muchas veces u oído decir que mientras no nos lancemos a las cabezas no avanzaremos. Sólo atrapando a las cabezas de los narcotraficantes podremos averiguar en detalle cómo está organizado el negocio y a quién tenemos que asegurar para que no puedan enviar ni una onza de droga a Estados Unidos. ¿Y quién es el que hace todo y ordena todo en México? Pues el presidente de la República, ¿no?

McLuhan se reacomodó en su sillón y al cabo dijo: –No dudo que él sea quien hace todo y ordena todo pero no estoy muy convencido de que también lo sepa todo.

–Si no sabe todo, al menos debe saber quién sabe y decírnoslo, o habría que creer que tiene el cerebro reblandecido, y no es para tanto.

–Y bien: ¿crees que sería posible apoderarnos de él?

–Si usamos todos los recursos que están a nuestra disposición, sí. Nuestros jefes seguramente conocen esos recursos y han de saber la forma de conseguirlos. Por ejemplo: hasta yo, que apenas leo periódicos y veo televisión, estoy enterado de que nuestra fuerza aérea ya dispone de bombas inteligentes, que llegan a su blanco sin hacer ruido y son indetectables para el radar. También que han desarrollado ciertos tipos de gases que se difunden muy rápidamente en áreas de gran amplitud y hacen dormir por espacio de horas y horas a la gente que los aspira. Supongamos entonces que se lanza una de tales bombas sobre el edificio donde en determinado momento se encuentre el presidente y tanto él como la gente que lo cuida y vigila el sitio, empezando por los guardias, son puestos a dormir instantáneamente, y entonces llega un comando de elite que captura al presidente y se lo lleva a Estados Unidos en un avión oportunamente dispuesto para tal fin. ¿No sería posible, aprovechando el elemento sorpresa, sacarle al detenido toda la información y enviarlo de vuelta a México con el ultimátum de que debe aprehender a las cabezas del narcotráfico y de este modo acabar en un dos por tres con el negocio? Si analizamos calmadamente este asunto, veremos que, después de todo, se trata de algo equivalente a lo que se hizo con Noriega el de Panamá, con la ventaja de que en este caso ni siquiera sería necesario bombardear y ametrallar a la población...

–Lo que tú sugieres es declarar la guerra a México, ¿no es así?

–No. Lo que yo sugiero es una operación secreta, relámpago, en la que la población no se dará cuenta de lo que pasa y cuando pase creerá que la actitud agresiva del gobierno mexicano contra el narcotráfico surgió por iniciativa propia del presidente. En México son muy hábiles para mover a los medios de comunicación y hacer que la gente se trague cualquier patraña.

–Bueno, Jesse. Yo te pedí ideas y te agradezco la que me has dado. Ya puedes regresar a tu puesto en Mazatlán. Lo único que te recomiendo es que no tomes demasiado en serio las películas de James Bond.

–¿Te estás burlando de mí, Roy? Te advierto que yo no permito esa clase de burlas.

–Cálmate, Jesse. Por supuesto, yo sé que eres un hombre a carta cabal y para nada desearía meterme en problemas personales contigo. Pero mi responsabilidad es acatar de pe a pa el reglamento de la DEA y hacer que lo acaten los agentes bajo mi mando. Te suplico como amigo y te ordeno como jefe que no vayas a cometer imprudencias ahora que regreses a Mazatlán.

Jesse se levantó de su asiento y salió furioso de la oficina.

UN APARATOSO ACCIDENTE

En Mazatlán aguardaba a Jesse Rojas una carta de Nueva York en la que Jenny indicó que ya no estaba dispuesta a esperar más y había decidido iniciar el juicio de divorcio. La colitis crónica de Jesse se había agravado por el mal talante con que Roy McLuhan acogió el proyecto del secuestro, y tras leer la carta de Jenny tuvo que recluirse en su habitación para beber media botella de bourbon y hacer que el sueño lo venciera y le hiciese olvidar. Ganas le daban de tomar el avión a Nueva York para enfrentarse a Jenny y reprocharle la traición —o decirle que la amaba más que nunca; que lo perdonara y sólo le diese un poco de tiempo para terminar de arreglar sus asuntos en Mazatlán, regresar a Estados Unidos y tratar de rehacer el matrimonio, pues ambas ideas lo atosigaban alternativamente— pero al cabo decidió aplazar la decisión.

Al salir a la calle la mañana siguiente, el sol de Mazatlán le hirió la vista. "Fucking town!", maldijo para sus adentros; Mazatlán tenía la culpa de sus problemas, por ser tan feo y por haberse convertido en un refugio de hampones. Hasta "El Armatoste" Galindo acababa de comprar una gran residencia en el puerto y lo menos que se podía esperar es que se estableciera allí para mejor burlarse del agente de la DEA.

Mientras seguía dando vueltas en la cabeza a sus problemas, Jesse creyó conveniente viajar a Culiacán y ver con sus propios ojos lo que ocurría en esa ciudad, a la que no había ido en varios meses. Tomó el automóvil y llegó sin novedad a su destino. De inmediato se lanzó a recorrer las calles para observar si había cambios visibles, y su mala fortuna determinó que recalara en el cementerio Jardines del Humaya.

Hacía un par de días que se celebraban allí los funerales de un narcotraficante de mediana importancia apodado "El Camarón", quien había sido asesinado por una pandilla rival, tal vez para robarle un cargamento de droga, o quizá ajusticiado por haber hecho trampas en la liquidación o por no pagar un adeudo. Medio centenar de traficantes y media docena de policías judiciales borrachos permanecían en el sitio bebiendo y dando el último adiós al camarada muerto, mientras una tambora con orquesta tocaba corridos sinaloenses.

Jesse decidió entrar a ver, pensando que no le reconocerían y que, aun si lo reconocieran, nadie se atrevería a tocarlo. Se acercó al mausoleo de medianas proporciones que ocupaba "El Camarón". Tal vez el hombre no tenía familia, pues en el interior sólo había espacio para un ataúd. Los muros estaban decorados con grandes fotografías del equipo beisbolero de Los Mochis, favorito del difunto.

A corta distancia se hallaba una mesa en la que los mozos repartían cerveza. Jesse se acercó a solicitar una, que le entregaron de inmediato. Luego, con la botella en la mano, para no darse a notar, anduvo caminando entre los grupos de dolientes y tomando nota de los rostros conocidos. Entre éstos descollaba la mole del "Armatoste" Galindo, quien tenía cara de duelo aunque parecía muy seguro en su impunidad. Aquello bastó para que Jesse decidiera retirarse. Creía que su presencia no había sido advertida pero cuando marchaba hacia su auto alcanzó a escuchar una voz suave que susurraba a un compañero: –Aguas, que aquí anda el pinche pocho de la DEA.

No quiso permanecer ni un minuto más en aquella ciudad y de inmediato regresó a Mazatlán. La desfachatez con que se conducían aquellos malvivientes le provocaba dolor de estómago y agravaba su colitis. La cabeza se le llenó de pensamientos atormentadores. En un momento pensó:

"Tal vez tenga razón Roy McLuhan: eso de lanzar bombas inteligentes para capturar al amo de este paisete resulta excesivo. Más práctico y eficaz sería que el presidente de Estados Unidos mandara

120

llamar a Washington al mexicano para decirle: —Mira, ustedes han sido muy hábiles para robar pero no han sido capaces ni de dar empleo a los millones de infelices que cruzan la frontera para mitigar el hambre, y si nosotros nos propusiéramos hacerlo, seguro que impediríamos el paso de "mojados" para así precipitar a tu país en el caos... Ustedes no han podido ni producir el maíz que se comen, y si nosotros dejáramos de mandárselo no sé qué pasaría... Pero ni siquiera hace falta llegar a tanto: bastaría con provocar en Wall Street los movimientos financieros adecuados para que México cayese en quiebra total y ustedes tuvieran que venirnos a pedir ayuda de rodillas.

"No hemos llegado a esos extremos sólo por razones que no quiero explicar. Pero ya estamos cansados de que ustedes y sus narcotraficantes nos sigan viendo cara de imbéciles. En este memorándum que ahora te voy a entregar están los nombres de los veinte traficantes principales que protegen ustedes en México; tienes una semana para hacer que los aprehendan a todos y nos los manden a Estados Unidos, donde les enseñaremos lo que es la ley en un país democrático. Y si tratas de evadirte, ya sabes que tenemos infinitos recursos para lograr que te depongan, te manden acá y vayas a hacerle compañía en la cárcel a Noriega el de Panamá."

¿Por qué no hará eso el presidente de Estados Unidos?, pensó Jesse. En principio, se contestó, porque esas medidas afectarían a los empresarios que tienen buenos negocios en México y reaccionarían votando contra él en las próximas elecciones o negándole dinero para la campaña. Luego, fugazmente, por el cerebro de Jesse pasó otra reflexión: ¿O no será que el presidente está protegiendo los intereses de los narcotraficantes de Estados Unidos, y por eso se abstiene de actuar con firmeza frente a los mexicanos? Al instante descartó esa idea, avergonzado, como si hubiera blasfemado contra Dios. No, Roy McLuhan tenía razón: a él, un simple agente policiaco, no le correspondía tratar de adivinar los altos designios de la política exterior estadunidense. A él no le pagaban por pensar sino por quitar del camino a personajes como "El Armatoste" Galindo.

Jesse no ignoraba que los policías no deben convertir en asunto personal el aseguramiento de sus presas. Pero desde que llegó a Mazatlán había cobrado un odio creciente hacia "El Armatoste", tal vez por el descaro con que el hombre se paseaba por todas partes haciendo ostentación de su inmensa fortuna, o quizá porque su habilidad para encubrir sus malos manejos había impedido a Jesse conseguir evidencias que permitieran demostrar ante un juez, incluyendo un juez mexicano, la participación del hombre en el negocio de las drogas. Por lo demás, Jesse había tratado de olvidar el incidente aquel en la playa, cuando descubrió al "Armatoste" mirando lascivamente a Jenny y a ésta recibiendo con una sonrisa el manoseo visual, y se decía que los celos no eran lo que habían convertido la captura de Galindo en una obsesión.

De vuelta en su oficina de Mazatlán, Jesse Rojas recibió la visita de un informante apodado "El Armadillo", que en varias ocasiones le había proporcionado datos verídicos acerca de las actividades de Galindo. En la nueva ocasión le dijo que "El Armatoste" acababa de comprar una lancha de alta velocidad para trasportar hasta la costa de Sinaloa la cocaína que compraba en Chiapas. Rojas había recibido ya informes de la DEA sobre el mismo asunto; de esta manera confirmó la veracidad de lo que le contaba "El Armadillo" y lo premió con quinientos dólares.

Varias veces, "El Armadillo" había dicho a Rojas que su gran ilusión era emigrar legalmente a Estados Unidos y le había pedido ayuda y recomendaciones para hacerlo. Como un relámpago, en el cerebro de Rojas cruzó la idea de aprovechar a su informante para realizar una acción que podría resolverle sus problemas personales.

—¿Sigues interesado en conseguir la visa para emigrar a Estados Unidos? —le dijo.

—Claro. En este país ya no se puede vivir.

—Y eres muy hombre, ¿verdad?

—Lo soy, y de los más decididos.

"El Armadillo" enmudeció y quedó paralizado por la sorpresa

al enterarse del proyecto de Rojas: secuestrar al "Armatoste" Galindo. "El Armadillo" debía contratar a media docena de hombres bragados que lo ayudaran a capturar a su presa y llevárselo a Nogales, Sonora, donde les darían la documentación para cruzar la frontera y entregar al "Armatoste" a las autoridades de Nogales, Arizona. Jesse les proporcionaría vehículos para que pudieran efectuar la captura y el traslado; también gestionaría que "El Armadillo" y sus cómplices fueran aceptados en un programa para protección de testigos, y con ello les dieran una visa con nuevo nombre para que pudiesen mudarse a cualquier parte de Estados Unidos, recibiendo un sueldo de tres mil dólares mensuales como mínimo y adquiriendo el derecho de cobrar los cincuenta mil dólares que ofrecían en Arizona por la entrega vivo o muerto de un cabecilla importante del narcotráfico.

"El Armadillo" prometió estudiar la propuesta y contestar en el plazo de una semana. A Rojas no le quedó duda de que la respuesta sería afirmativa.

En cuanto se retiró "El Armadillo", Rojas telefoneó a un amigo de Arizona, un fiscal cuya jurisdicción abarcaba una parte de la zona urbana de Nogales. Era éste un chicano con desmesuradas ambiciones políticas y muy afecto a la publicidad, que seguramente haría cualquier esfuerzo por consignar a un personaje tan notorio como "El Armatoste" y retocar las circunstancias en las que le fuese entregado. Para no dejar huellas de sus actos, Jesse pidió al fiscal que viajase a Hermosillo y se reunieran allí. El fiscal aceptó el trato, a sabiendas de que el asunto iba a tener fuertes repercusiones diplomáticas, pero también conocía muchas maneras de evadir su responsabilidad, y quedaría satisfecho mientras cosechara notas periodísticas y entrevistas en la televisión.

En cuanto el fiscal regresó a Arizona, Jesse Rojas se puso a escribir una carta para Jenny, diciéndole que la amaba más que nunca y que esperara no más de tres meses para que él pudiera reunirse con ella y tratar de poner punto final a sus desavenencias. Bien sabía Jesse a lo que se estaba exponiendo: sus jefes desaprobarían su participación en el secuestro, pero por solidaridad de grupo no lo arrojarían a las autoridades. Ante los hechos consumados, lo más que harían sería darlo de baja y otorgarle una compensación por el retiro, no muy alta pero sí lo suficiente para que Jesse pudiera volver a Nueva York y tratara de colocarse en algún despacho de detectives privados. Y si la cosa resultaba bien, quizá hasta le darían trato de héroe y lo premiarían con un ascenso y el traslado a Nueva York.

Una semana después, "El Armadillo" pidió a Jesse que se trasladara a un rancho cercano a Culiacán para presentarle a los cinco hombres que ya se habían comprometido a colaborar. Sólo faltaba elegir el momento oportuno para la ejecución del secuestro. Jesse condujo su automóvil hasta el rancho; la reunión tuvo lugar en una casucha miserable donde parecía imposible que pudiera haber testigos. Jesse reiteró a los seis matones su promesa de darles una recompensa en dinero y conseguirles papeles para emigrar a Estados Unidos. Habían averiguado que "El Armatoste" acostumbraba ir los miércoles por la noche a la casa de una amante avecindada en Culiacán, y que en tales casos se hacía acompañar solamente por dos o tres pistoleros a los que se podría eliminar para luego apoderarse del "Armatoste" y subirlo a la Van que les había proporcionado Jesse para trasladarlo a Nogales.

Jesse regresó al rancho una semana después para dar los últimos toques a la operación. El secuestro se llevaría a cabo el día siguiente; Jesse viajaría por avión a Nogales y allá esperaría a los secuestradores y supervisaría los movimientos finales.

Feliz de la vida, Jesse volvió a Mazatlán en su automóvil. Casi no había tráfico en la carretera. Iba en una recta en la que sólo vio como a quinientos metros de él un pesado tráiler que avanzaba en el carril contrario. Faltarían veinte metros para que ambos vehículos se cruzaran cuando el tráiler quebró violentamente su dirección hasta chocar de frente con el automóvil de Jesse. El agente murió sin darse cuenta de lo que ocurría.

Al día siguiente los periódicos mexicanos publicaron, con ligeras variantes, la siguiente nota:

124

MUERE UN NORTEAMERICANO EN APARATOSO ACCIDENTE

Jesse Rojas, empleado del consulado de Estados Unidos en Mazatlán, falleció ayer por la tarde al impactarse contra el vehículo que conducía un pesado tráiler que circulaba velozmente en sentido opuesto.

En el sitio del accidente, los peritos dictaminaron que, por falta de mantenimiento, el dispositivo direccional del tráiler se trabó de tal manera que el chofer no pudo controlar el vehículo, invadió el carril opuesto y fue a estrellarse contra el automóvil conducido por Rojas.

Como siempre, el chofer del tráiler huyó.

Los encabezados de los diarios de Estados Unidos contaban otra historia:

SOSPECHOSA MUERTE DE UN AGENTE DE LA DEA EN MÉXICO

Las notas repetían los datos consignados por la prensa mexicana pero añadían que el chofer del tráiler había sido visto en un pueblo cercano a Culiacán y que luego apareció muerto. Se aclaró que Rojas no trabajaba en el consulado sino que era agente de la DEA y andaba siguiéndole la pista al zar del narcotráfico en Sinaloa, "El Armatoste" Galindo.

Al día siguiente media docena de senadores emitieron en Washington declaraciones en las que afirmaban su convicción de que el narco-Estado mexicano seguía amparando a sus delincuentes y exigían al presidente de Estados Unidos que metiera al orden a los incorregibles vecinos. Por añadidura, un funcionario de la DEA declaró que el caso de Jesse Rojas era similar al de Enrique Camarena y no se debía permitir esa nueva burla de los mexicanos.

Simultáneamente, los cadáveres del "Armadillo" y la media docena de pistoleros que iban a participar en el secuestro del "Armatoste" Galindo aparecieron cosidos a balazos en el rancho donde habían celebrado su reunión con Jesse Rojas. De ribete, la casucha fue incendia-

lebrado su reunión con Jesse Rojas. De ribete, la casucha fue incendia-
da y reducida a cenizas. Las víctimas no pudieron concebir que los
ojos y los oídos de Galindo alcanzaran a ver y oír hasta su ranchería.

Los periodistas no conectaron este hecho con el asesinato del
chofer del tráiler. En cambio, fue motivo de escándalo la noticia de
que trescientos agentes de la Policía Judicial mexicana habían tomado
la ostentosa residencia del "Armatoste" en las inmediaciones de Culiacán. En la acción murió una treintena de policías y narcotraficantes,
entre ellos "El Armatoste" Galindo, quien recibió treinta impactos de
bala cuando trataba de evadirse, según las autoridades mexicanas.

Lejos de apaciguar a los críticos, estos hechos fueron presen-
tados en la prensa norteamericana como un burdo intento de embaucar
al público de Estados Unidos entregándole la cabeza de un narcotraficante para poder seguir protegiendo a los demás. Varios editorialis-
tas pidieron el envío de tropas a la frontera con México.

EL DESENLACE

Filtrada al corresponsal de un gran diario neoyorkino, la noticia se difundió por todo el mundo: México estaba a punto de legalizar la producción, el comercio y el consumo de drogas en todo el territorio del país. Sólo seguiría prohibida la venta a menores de edad y no se permitiría incitar al consumo por medio de mensajes publicitarios.

El corresponsal afirmaba tener a la vista el borrador del comunicado que iba a emitirse de un momento a otro. México denunciaría la Convención de las Naciones Unidas Contra el Tráfico Ilícito de Drogas Narcóticas y Sustancias Psicotrópicas de 1988, con base en el artículo 30 del mismo documento, que dice: "Las partes firmantes podrán denunciar esta Convención mediante una comunicación por escrito dirigida al Secretario General de la ONU".

Aclaró el corresponsal que el citado artículo de la Convención especifica que la denuncia sólo surte efecto un año después de que la Secretaría General reciba la notificación, pero que México estaba decidido a adelantar el plazo "con base en una serie de violaciones que se cometen y no se han corregido a pesar de las múltiples gestiones realizadas para tal fin".

"Al respecto —añadió el corresponsal— México asegura que Estados Unidos se ha convertido en el principal productor de marihuana en el mundo y ya la exporta a muchos países, incluyendo a México, lo que demuestra el incumplimiento de sus obligaciones de restringir el cultivo de la planta en su territorio, según se establece en la Convención de la ONU. Añade que las fotos tomadas por los satélites de Esta-

127

dos Unidos muestran la existencia de cientos de miles de hectáreas sembradas con marihuana en suelo norteamericano, las cuales no son afectadas, al paso que se exige a México destruir las más reducidas áreas que aparecen en las fotos satelitales.

"Estados Unidos también incumple con su obligación de comba- tir el lavado de dinero, especificada en la fracción (b) (i) del Convenio, señala México, y como prueba aduce que el gobierno de Texas congeló nueve millones de dólares supuestamente provenientes del narcotrá- fico que depositó en un banco texano un exfuncionario del gobierno mexicano, Mario Ruiz Massieu, pero que no se sancionó al banco por haber aceptado el depósito y por no reportarlo oportunamente. Los narcotraficantes mexicanos tienen depositados miles de millones de dólares en bancos y casas de bolsa norteamericana y tampoco se pro- cede a sancionar a las instituciones receptoras.

"Concluye el gobierno mexicano que Estados Unidos se ha mos- trado incapaz de aplicar en su propio territorio sus propias leyes que prohiben la producción, consumo y comercio de drogas, y resulta im- propio que se viole la soberanía de otras naciones en un intento por obligarlas a que resuelvan problemas ajenos. Como complemento, Mé- xico solicitará el retiro de los agentes de la DEA destacados en ese país.

"El vocero oficial del gobierno mexicano se negó a desmentir la existencia de proyectos tendientes a la legalización del narcotráfico, pero tampoco accedió a confirmarla, diciendo que por el momento no podría emitir comentarios", concluyó el corresponsal.

Casi ningún periódico o noticiario electrónico del mundo oc- cidental se abstuvo de difundir la noticia. Menudearon los comentaris- tas que auguraban el Apocalipsis para México: señalaban que a Estados Unidos le bastaría con aumentar algunos puntos a la tasa de interés vigente para que México no pudiera satisfacer el servicio de su deuda externa, y se precipitara en el caos financiero; un senador de Oklaho- ma declaró que el ejército estadunidense poseía recursos suficientes para ocupar todo México en menos de una semana, y descartó que la invasión pudiera crear otro Vietnam, ya que los mexicanos recibirían a los soldados del norte con lluvias de flores y aplausos por liberarlos de sus putrefactos gobernantes; muchos aseguraron que la mafia del narcotráfico ya controlaba directamente el gobierno de México y desafiaba a la humanidad entera al tomar medidas que podrían convertir en drogadictos a muchos millones más de niños y adolescentes del planeta; la mayoría abogaba porque Estados Unidos empleara su poderío para someter al desafiante paisete del sur, etcétera. Pero también surgieron voces como la de un diario neoyorkino que publicó el siguiente artículo:

La posibilidad de que en breve plazo se pueda comprar drogas abiertamente en cualquier botica, cantina o tendajón, de los que hay miles y miles en el lado mexicano de la frontera, ha provocado un torrente de especulaciones y malos presagios. Nuestras mejores fuentes informativas confirman que, en efecto, el gobierno mexicano ha llegado a la conclusión de que le sería productivo legalizar el comercio de drogas, aunque para ello deba enfrentarse al repudio mundial. Sin embargo, México todavía no ha anunciado oficialmente la legalización, y a estas alturas aún se le podría persuadir a comportarse con la debida corrección.

Desde hace varios meses, el submundo del narcotráfico ha experimentado movimientos espasmódicos. Primero se registra una aguda escasez de drogas y en seguida se normaliza el abasto mediante aumentos de precio, y así sucesivamente. El asunto ha provocado reacciones paranoicas, como el temor de que un día falten las drogas en absoluto y decenas de individuos que no pueden vivir sin su ración enloquezcan y salgan a la calle dispuestos a cometer cualquier atrocidad con tal de procurarla.

Ahora que, según se afirma, a los drogadictos y los traficantes norteamericanos les bastaría con hacer un viaje a México para abastecerse cómodamente de sus drogas, los rumores toman otro cauce: se dice que el narcotráfico es la actividad más productiva de la historia —se le han atribuido ventas por 500,000 millones de dólares al año, una cifra superior a las ganancias de las cinco principales empresas del país. ¿Qué pasaría si de un momento a otro se acabara con esta actividad y sus utilidades dejaran de ser inyectadas a la economía nacional? ¿Qué

129

harán los cientos de miles o millones de vendedores de drogas callejeros cuando se vean privados de ingresos para mantenerse a sí mismos o a sus familias? ¿Y qué sucedería si los bancos dejaran de recibir las astronómicas sumas que, por la vía legal o la ilegal, llegan a sus cajas fuertes y se destinan a financiar legítimamente el desarrollo del país?

El momento resulta propicio para recomendar serenidad. Por años y años, el ánimo de este país ha oscilado entre el delirio de persecución —cuando se vivió bajo el temor constante de que la URSS arrojara sobre nuestras ciudades sus bombas nucleares— y el delirio de grandeza, como ocurrió tras el desplome del comunismo, cuando se dijo que Estados Unidos había quedado como única gran potencia rectora del globo, con capacidad para imponer sus designios a la humanidad entera.

En los últimos quince años el gobierno de Estados Unidos ha invertido 200,000 millones de dólares en combatir la drogadicción y ha impuesto medidas ultrajantes a muchos países para obligarlos a perseguir el mismo fin, sin que hasta la fecha se hayan obtenido resultados apreciables. De hecho, el gobierno norteamericano ha prestado a los narcotraficantes el gran servicio de obstruir el comercio de drogas, lo cual ha provocado escasez que se refleja en aumentos de precio que a su vez han estimulado el surgimiento de más individuos dispuestos a ganar fortunas dedicándose al narcotráfico. El máximo experto en marketing no habría prestado a los narcotraficantes mejor servicio.

Ha llegado el momento de analizar a fondo y con la cabeza bien fría las ventajas y los inconvenientes de legalizar la droga en Estados Unidos. Nada se ganará con formar un ejército de la ONU, como sugieren algunos sectores, para marchar a México y castigarlo por haberse convertido en un delincuente contra la humanidad. En Estados Unidos siempre se han bloqueado las iniciativas que recomiendan analizar las ventajas y los inconvenientes de legalizar el comercio de drogas, siempre y cuando el usuario sea mayor de edad y no perjudique a terceras personas. Gracias a la iniciativa mexicana, ahora parece abrirse el camino para volver a la deliberación civilizada apartándonos del miedo y el odio y conservando la vista fija en los objetivos más benéficos para la sociedad.

Desde Culiacán, Ramiro Gastélum observaba angustiado el desarrollo de los acontecimientos. Temía que Estados Unidos obligase a México a desistir de la legalización y por el contrario le impusiera nuevas obligaciones, como por ejemplo investigar más a fondo los entresijos del negocio para mejor combatirlo. En este afán se podrían descubrir las ligas de Gastélum con la actividad, y por tal motivo el hombre se había abstenido hasta de pedir a sus amigos excomuneros que redoblaran la campaña en pro de la legalización y apoyaran las acciones mexicanas.

Por su gusto, Gastélum hubiera emigrado ya a su amada California, pero el temor de que lo detuvieran y enjuiciaran allá lo contuvo. Cavilaba sobre las ventajas de emigrar a Canadá, un país escrupuloso en el cumplimiento de las leyes, donde con ayuda de buenos abogados se podría aplazar por años y años el cumplimiento de cualquier solicitud de extradición que presentaran Estados Unidos o México.

Al cabo no fue necesario hacer ni una cosa ni la otra. Tres días después de haber sido publicada la filtración, México negó oficialmente la noticia y Estados Unidos publicó una nota en la que felicitaba a México por sus esfuerzos en contra del narcotráfico y reiteraba la indeclinable decisión norteamericana de respetar la soberanía del país vecino.

Gastélum supuso que ya se había hecho un arreglo en lo más elevado de las alturas; los precios de la droga habían bajado en las calles de Nueva York, pero sólo un poco, lo cual implicaba que los participantes en el acuerdo de Bangkok se quedarían con más del cincuenta por ciento del aumento decretado inicialmente. Gastélum se imaginó que las negociaciones habían corrido a cargo de alguien como Madame Nataphorn, un alto representante de Colombia y otro de México, enfrentados a la mafia y demás altos intereses que controlan el negocio en Estados Unidos. El arreglo probablemente se logró sobre la base del "business is business"; después de todo, ya se estaba ganando mucho dinero y era impropio de hombres de negocios correr riesgos como los de la legalización, en vez de conformarse con las ganancias

131

seguras. Gastélum trató de imaginarse cómo se había llegado al acuerdo pero inmediatamente se dijo que ni siquiera intentaría averiguar detalles, pues a la humanidad le conviene que muchas cosas permanezcan ignoradas por los siglos de los siglos.

ÍNDICE DE NOMBRES

133

135